Las puertas templarias

Javier Sierra

Las puertas templarias

Un secreto medieval está a punto
de cambiar la historia

Ediciones Martínez Roca

Diseño cubierta: Compañía de Diseño
Foto cubierta: Tony Latham (Agencia Tony Stone)
Mapa guardas: La Maquineta

Primera edición: febrero de 2000
Segunda edición: mayo de 2000
Tercera edición: mayo de 2000
Cuarta edición: junio de 2000
Quinta edición: octubre de 2000

Ninguna parte de esta publicación, incluido el diseño
de la cubierta, puede ser reproducida, almacenada o transmitida
en manera alguna ni por ningún medio, ya sea eléctrico,
químico, mecánico, óptico, de grabación o de fotocopia,
sin permiso previo del editor.

© 2000, Javier Sierra
© 2000, Ediciones Martínez Roca, S. A.
Provença, 260, 08008 Barcelona
ISBN 84-270-2545-9
Depósito legal B. 44.454-2000
Fotocomposición: Pacmer, S. A.
Impresión: A&M Gràfic, S. L.
Encuadernación: Argraf, S. L.

Impreso en España – Printed in Spain

Nueve, como los misteriosos caballeros fundadores del Temple, han sido las personas clave para la elaboración de esta obra. Robert Bauval, Louis Charpentier y Graham Hancock inyectaron las dosis de investigación necesarias para darle su forma definitiva. Roser Castellví sembró la semilla hace años, junto a ciertas ruinas templarias en Tarragona. Juan G. Atienza fue –sin saberlo– oportunamente generoso conmigo en momentos clave de su redacción, mientras que Ester Torres, Geni Martín y Enrique de Vicente sufrieron más que nadie mis ausencias por tantos meses de «navegación» al timón de estas páginas.

De todos, no obstante, el más decisivo ha sido José María Calvín... el amigo que me mostró siempre dónde estaba el sendero hacia el Grial.

A todos ellos, con mi eterna gratitud

«*Si secretum tibi sit, tege illud,*
vel revela.»
(Si tienes un secreto, escóndelo
o revélalo.)

PROVERBIO ÁRABE
adaptado por los cruzados

«¿Qué es Dios? Es longitud, anchura,
altura y profundidad.»

SAN BERNARDO DE CLARAVAL

«Ocúpate de no divulgar de manera
sacrílega misterios santos entre todos
los misterios (...) Comunica las santas
verdades sólo según una manera santa
a hombres santificados por una santa
iluminación.»

DIONISIO EL AEROPAGITA

ÍNDICE

Introducción 13

Advertencia 17

Omen 19
Templum domini 23
Scala Dei 32
Satélite 36
Zeus 42
«Terribilis est locus iste» 44
Louis Charpentier 52
Suspensión 59
Tabulae 62
Virgo 68
Caput 76
Hiram 86
Rogelio 90
Juan de Jerusalén 95
Letizia 101
Vézelay 106
La fuerza 112
Corpus hermético 116
Como es arriba 120
... es abajo 126
Osa Mayor 129

Gluk	135
Lux	142
Padre Pierre	150
Fugit	156
Gloria	159
Orléans	163
Intra nos est	170
Archa foederis	177
Janua Coeli	181
Pórtico norte	188
Campos Elíseos	198
Clavis	210
Picatrix	221
Líber profetorum	231
Lapsit Exillis	237
Los enviados	244
La profecía de Hermes	249
Bibliografía	251

INTRODUCCIÓN

En agosto de 1995 viajé por primera vez a Egipto. Como todo el que llega a tierra de faraones con un espíritu medianamente abierto, el primer contacto con sus piedras, sus desiertos infinitos y sus fértiles riberas me hechizó. Regresé en diciembre, y en marzo del año siguiente, y nuevamente en agosto... Así hasta en nueve ocasiones durante los últimos cuatro años. ¿Razones? Las ha habido personales y profesionales, pero tras cada escala en El Cairo o en Luxor sabía que debía comenzar a hacer los preparativos para un nuevo e inminente regreso. Y es curioso: nunca, en ninguno de los más de veinte países que llevo recorridos, he sufrido esa imperiosa necesidad de retorno.

En el último de mis viajes algo me llevó a adentrarme en el viejo barrio copto de la capital, y a alejarme momentáneamente de pirámides y templos. En su museo –una maravilla arquitectónica cuyos dos pisos se conectan entre sí por una hermosa cadena de afiligranadas claraboyas octogonales–, descubrí que una de sus vitrinas albergaba un fragmento de pergamino del Evangelio de Tomás. La etiqueta que acompañaba aquel texto apócrifo indicaba que pertenecía al conjunto de textos cristianos descubiertos en 1945 cerca del pueblecito de Nag Hammadi, a las afueras de Luxor.

Me impresionó. Aquellos trazos temblorosos habían sido redactados por uno de los primeros escritores cristianos de la historia, un anónimo escriba que creía que Tomás era el hermano mellizo de Jesús, y uno de los testigos directos de su resurrección. Lo que más me llamó la atención es que, por paradojas de la historia, ese texto hubiera ido a parar a Egipto, donde la doctrina de la resurrección de la carne llevaba acuñada ya siglos gracias al mito de Osiris.

Al regresar a España recordé que pocos meses antes de aquel «encuentro» había adquirido en Londres la traducción íntegra de los escritos de Nag Hammadi, tal como fueron redactados por una prácticamente desconocida secta gnóstica entre los siglos III y IV de nuestra Era. Al repasarlos con atención, me extrañó que en sus páginas se hicieran tantas alusiones, aunque tan intermitentes, a cierta comunidad de sabios llamada «la organización», cuyo propósito último parecía ser el de construir monumentos que recrearan en la Tierra «lugares espirituales» que están en los cielos. Daba la impresión que debían de ser una especie de «ángeles» en el exilio, tratando de reestablecer su contacto con los cielos. Sufrían una obsesión arquitectónica que se resumía en su necesidad de contrarrestar desde el suelo el imparable avance de ciertas «fuerzas de la oscuridad» que los textos de Nag Hammadi nunca terminaron de describir con detalle.

Los gnósticos que redactaron el pergamino que envejecía dentro de aquella vitrina, creían en la existencia de una lucha eterna entre la Luz y las Sombras. Una guerra sin cuartel que ha terminado afectando de modo especial a los habitantes de este planeta, y en la que algunas familias –como la de David, de donde descendería Jesús– jugarían un papel determinante gracias a sus peculiares vinculaciones con ciertos «superiores desconocidos» venidos «de arriba». El particular credo de aquellos hombres del desierto se trasladó de alguna manera a los alquimistas medievales y a los constructores de catedrales. Los templarios –según deduje después de algunas averiguaciones en Francia, Italia y España– tuvieron mucho que ver en esa transmisión de saber y en la perpetuación del ideal del eterno combate entre el Bien y el Mal. Y así, sin quererlo, me vi envuelto en la investigación de las vidas de aquellos que habían continuado la labor de «la organización» durante más de trece siglos, preservando algunos enclaves y planificando la erección de otros.

Con el tiempo y buenas dosis de «suerte», llegué hasta las obras de buscadores contemporáneos como Pietr Demianóvich Ouspensky, un ruso discípulo de un no menos intrigante maestro armenio llamado Gurdjieff, que en 1931 llegó a la fascinante conclusión de que los constructores de Notre Dame de París habían heredado sus conocimientos... ¡de la época del levantamiento de las pirámides! Es decir, que desde el antiguo Egipto hasta los canteros medievales debió de existir una especie de «correa de transmisión» de sabiduría que ha pasado desapercibida a ojos de historiadores y analistas. Es más, de ser acertada esa idea, aquellos «maestros de la sabiduría» debieron dejar estampada su firma no en el estilo arquitectónico empleado –eso hubiera sido demasiado burdo, superficial–, sino en el modo idéntico en que planificaron unos y otros edificios en relación a las estrellas, sin importar los milenios de historia que los separaban.

Y, claro, el desafío de localizar a los descendientes de aquellos maestros, de aquellos «ángeles», me cautivó. ¿Dónde se encuentran hoy los custodios de tales conocimientos? ¿Sería posible llegar a entrevistarse con ellos algún día? Ése es el espíritu que anima este relato.

Para elaborarlo, he rastreado las huellas dejadas por «la organización» –los carpinteros (*charpentiers*) los llama esta novela– a lo largo de medio mundo, y hoy creo haber encontrado parte de su rastro oculto en comunidades tan dispares como los templarios o en obras tan armónicamente perfectas como las catedrales. De la huella de esos «ángeles» –a los que veo como seres de carne y hueso, infiltrados entre nosotros– ya adelanté algo en *La dama azul*.[1] En las páginas que vienen pretendo definirlos aún más.

Atento, pues, querido lector.

La Navata, bajo el signo
de Virgo, septiembre de 1999

---

1. Publicada por esta misma editorial.

ADVERTENCIA

Forzosamente, las páginas que siguen recogen sólo una pequeña parte de unos hechos que cambiaron silenciosamente la faz del mundo. No todos los detalles son históricos –muchos, deliberadamente, huyen de ello–, pero sí contienen el espíritu de algo que bien pudo ocurrir. Un día, si las Puertas se abren, como espero, y la Providencia me lo permite, esta historia terminará de contarse.

OMEN[1]

Jerusalén, 1125

Ni por un segundo el bueno de Jean de Avallon imaginó que *combatir con la coraza de la fe*[2] fuera algo tan real, tan próximo y tan peligroso a la vez.

Abrumado por el inesperado giro de los acontecimientos, el caballero fingió indiferencia y sonrió al conde cuando éste, inclinado sobre su oreja, le susurró el destino al que debía encaminarse a la mayor brevedad posible. Las suyas fueron apenas tres frases en lengua romance, breves, escuetas, que se colaron en el cerebro de su siervo con la facilidad del soniquete de un trovador. La última de ellas, por cierto, se le grabó a fuego: «Yo os serviré de guía», dijo.

Jean, impresionado, aceptó aquel nuevo mandado y se apresuró a entonar el *Te Deum laudamus* como si nada hubiera alterado el ritmo de las cosas.

Pero no era así.

Preso de una excitación inenarrable, el joven guerrero del manto inmaculado pronto cayó de hinojos frente a su mentor, besó el sello del condado de la Champaña grabado en oro sobre su espléndi-

---

1. Del latín, «anuncio».
2. Años más tarde, Bernardo de Claraval, al redactar su «Elogio de la nueva milicia templaria» para dotar de una Regla a esta orden, emplearía exactamente esas palabras al tratar de describir los verdaderos objetivos de la Ordo Pauperum Commilitonum Christi Templique Salomonici.

do anillo y pronunció en voz alta su juramento para que todos le oyesen:

—Acepto de buen grado vuestras órdenes, mi señor —dijo balbuceando—, y las acataré aunque en ello me vaya la vida. Ahora que he visto la *Verdad*, que Nuestra Señora proteja tan sagrada misión, amén.

Nadie se sorprendió. A fin de cuentas el noble Hugo de Payns, senescal y hombre de confianza del conde, se lo había dejado bien claro el mismo día que le reclutó en Troyes, hacía ya algún tiempo. «La milicia que estamos reuniendo —le aseguró de camino a la capilla donde se celebró su ceremonia de admisión— tendrá un doble frente de combate: lucharemos sin cuartel contra quienes bloqueen los caminos hacia el Santo Sepulcro, y nos batiremos contra las fuerzas espirituales del Mal que amenazan a nuestro mundo. Vuestro trabajo, noble Jean de Avallon, podrá desarrollarse indistintamente en ambas direcciones, por lo que deberéis estar preparado para enfrentaros en cualquiera de esas batallas.»

Tuvo este aviso profético en el verano de 1118, hacía ya siete largos años. Fue entonces cuando Jean recibió el hábito albo que ahora lucía con orgullo. Aquel lejano mes de julio el joven Avallon cumplía diecinueve primaveras, y su porte orgulloso y fuerte, su carácter decidido y emprendedor, sus cabellos dorados y sus ojos verde esmeralda, habían conseguido impresionar a los ejecutores del proyecto, que pronto comenzaron a planearle un futuro lleno de responsabilidades. A ello, desde luego, no fue ajena la «señal» de que su nacimiento coincidió con el momento en que Godofredo de Bouillon conseguía rendir Jerusalén y conquistarlo de manos turcas para la cristiandad.

El arrollador triunfo de aquella primera cruzada iba a resultar decisivo. Mucho más de lo que el Papa o los reyes europeos habían previsto.

Sea como fuere, sólo él y ocho hombres más, todos mucho mayores que Jean, recibieron el manto pálido que en adelante les distinguiría como los primeros guerreros del ejército más particular que vieran los siglos: el de los Pobres Caballeros de Cristo.

En Troyes, Jean conoció a Godofredo de Saint Omer —un gigante de barbas blancas y mirada cálida que ahora bajaba la vista mientras el conde le impartía su bendición—, a Andrés de Montbard —tío de otro adolescente que pronto despuntaría como un religioso feroz e implacable al que se conocería como Bernardo de Claraval y que terminaría en los altares—, a Foulques de Angers —un anciano saco de huesos que aún echaba fuego por los ojos— y a tantos otros guerreros de probado valor que le rodeaban en aquel lance.

También allí, en la misma capilla privada de Troyes, el joven Jean se tropezó por primera vez con un desigual grupo de soldados, la mayoría cruzados que ya habían cumplido el sueño de hincar su rodilla ante la tumba de Nuestro Señor Jesucristo, que también recibieron entonces sus mantos negros o de buriel en señal de pertenencia a la nueva milicia de De Payns.

Pero ¡cómo pasa el tiempo! ¡Y cuánto envidiaba ahora a aquellos hombres sin responsabilidad ni noción alguna de lo que estaba sucediendo!

Es conveniente repetirlo: siete largos años habían transcurrido ya desde esa remota ceremonia de admisión, escueta y prudente. El capellán de entonces, un hermano del caballero Hugo, bendijo los aperos de Jean de Avallon y le ungió con la señal de la cruz antes de recomendarle que rindiera todo su ser a la sagrada misión que, tarde o temprano, iba a encomendársele. Fue una «señal» más. De hecho, el joven caballero nunca terminó de entender aquello de la «sagrada misión» hasta que, recién comenzado el séptimo invierno de campaña en Jerusalén, durante las tareas de restauración de *Haram es-Sharif* o «el noble santuario» como llamaban los árabes al antiguo recinto del Templo de Salomón, un aviso sorprendió a los allá destinados.

Al de Avallon la noticia le llegó mientras desenterraba un enorme arcón de piedra cerca de la llamada Cúpula de la Cadena, unos metros al este de la impresionante mezquita conocida como La Roca. Trabajaba a destajo desde hacía meses despejando las antiguas cuadras del rey Salomón, pero llevaba casi tres semanas empeñado sólo en arrastrar aquel pesado cofre a la superficie.

Fue a primera hora de la mañana. Uno de sus sargentos, el responsable de la farmacia, un tal Rénard, descendió al túnel para darle la nueva: «Mi señor —tosió bajo la nube de polvo que levantaron sus botas en el subterráneo—, nuestro maestre Hugo ha recibido un mensaje urgente desde Francia. Os ruega que acudáis cuanto antes al capítulo». «¿Sabéis de qué se trata?», preguntó el caballero. «No. Pero debe de ser algo grave. Acudid presto.»

Cuántos recuerdos.

Hugo de Payns, en efecto, a eso de la hora tercia[1] de aquel mismo día, celebró una reunión extraordinaria del capítulo en la antigua mezquita de Al Aqsa, donde su majestad Balduino II había tenido instalada su escuálida corte hasta hacía bien poco. Él era un hombre calculador, que disimulaba su ansiedad con un verbo pausado, padre de una gran familia y extraordinariamente leal a los suyos. No se anduvo, pues, con rodeos. En el interior de Al Aqsa, rodeado de columnas de mármol desnudas de casi seis metros de altura, y al amparo del eco de sus muros vacíos, informó a sus hombres que el conde de Champaña, otro Hugo de ilustre linaje que había financiado los primeros momentos de la nueva Orden de los Pobres Caballeros de Cristo, estaba próximo a llegar a Jerusalén para unirse a su «cruzada secreta».

«La sombra del Mal está más cerca que nunca de nosotros —sentenció el De Payns con un gesto severo, que denotaba lo delicado del momento. En realidad, leía del mensaje que acababa de recibir—. Nuestro amado conde está inquieto por ello; no duerme ni comulga en paz desde hace meses y ha tomado la dolorosa decisión de abandonar sus posesiones, esposa e hijos, para acompañarnos en nuestra primera batalla verdadera: la que estamos a punto de librar contra el más poderoso enemigo que existe sobre esta tierra.»

El anuncio del caballero De Payns, como tantas otras cosas que sucedieron entonces, pronto se revelaría rigurosamente exacto.

---

1. Nueve de la mañana.

TEMPLUM DOMINI[1]

La «Bestia», en efecto, se desencadenó la madrugada del 23 de diciembre del año del Señor de 1125. Pero su ira fue breve.

Vayamos por partes.

Antes del alba, y siguiendo las precisas instrucciones dadas por Hugo de Payns la noche precedente, los nueve de los mantos blancos se introdujeron en el recinto del Templo a través de la Puerta de los Algodoneros, abierta casi en el centro de su muro occidental. Desprovista de vigilancia alguna, la entrada de aquel grupo de nobles no llamó la atención de nadie.

Jerusalén, a esas horas, disfrutaba de sus únicos momentos de quietud del día. No había mercaderes en las esquinas, ni aguadores, panaderos o soldados. Es más, los templos y lugares de devoción estaban también cerrados a cal y canto como medida de seguridad contra mendigos y maleantes. La ciudad, pues, parecía tan vacía como el vecino valle de Josafat.

Se dirigieron a buen paso hacia las escaleras que ascienden hasta la plataforma donde se levanta la llamada Cúpula de la Roca, y sin apenas tiempo para echar un vistazo a los primeros destellos del sol que se clavaban sobre su cimborrio de cobre, treparon por ellas.

—¿Conocéis la leyenda árabe de este lugar, joven Jean?

---

1. Del latín, «Templo del Señor». Los cruzados conocían por ese nombre a la «Cúpula de la Roca» situada dentro del recinto del antiguo Templo de Salomón, en Jerusalén.

Andrés de Montbard, el fornido guerrero borgoñón nacido en las mismas riberas del río Armançon, susurró su pregunta a Jean de Avallon mientras se aproximaban a la Puerta del Paraíso, al norte del recinto. El caballero, sorprendido, meneó la cabeza.

—¡Válgame Dios! —bramó el de Montbard, conteniendo su torrente de voz—. ¿No habéis salido de vuestro agujero en todo este tiempo? Excavar y excavar, ¿a eso os dedicáis únicamente?

—No, pero...

—¡No hay excusas! Deberíais saber que el conde Hugo en persona, durante su primer viaje a Jerusalén con la cruzada de 1099, fue el único cristiano que se preocupó por averiguar qué había de verdad en la leyenda que decía que el profeta Mahoma había viajado hasta este preciso lugar en una sola noche. De eso sí habréis oído hablar, ¿verdad?

Jean de Avallon asintió.

La silueta rechoncha del borgoñón gesticulaba como un fauno chiflado a su alrededor. Caminando en cuclillas y silbando como una serpiente le explicó cómo los sarracenos creían que el Profeta llegó a Jerusalén volando desde La Meca a lomos de una burra mágica a la que llamó *Al-Baraq*, que quiere decir «relámpago». Una montura todopoderosa, de crines de fuego y ojos iridiscentes, enviada por Alá en persona.

—¿Un relámpago? —los ojos del joven se abrieron como platos.

—Bueno —tosió Montbard para aclarar la garganta igual que hacían los trovadores en Francia—, lo poco que sé es lo que rumoreaban los cruzados: que Mahoma se encontraba en aquel entonces en una situación muy delicada porque su esposa Khandiya acababa de morir y su tío Abu Taleb también. Al parecer, en medio de su dolor, una noche se le apareció el arcángel Gabriel vestido con una túnica de estrellas, invitándole a venir hasta aquí. ¿Qué os parece? Su piel centelleaba como el rayo y, como a la burra, era imposible mirarle a la cara sin quedarse ciego.

—¿Y le dijo para qué quería llevárselo de La Meca?

—Deseaba mostrarle algo que le consolaría y le daría fuerzas para terminar con éxito su misión. Quería convencerle de que su esposa y su tío estaban más vivos que nunca, en el Paraíso. Y hasta dicen que Gabriel lo subió a lomos de *Al-Baraq* y lo acompañó sobre aquella prodigiosa montura justo hasta este templo.

—¿Éste?

Jean no salía de su asombro siguiendo las explicaciones del caballero.

—Así es, joven amigo —volvió a musitar—. Aquí le aguardaban Abraham, Moisés y Jesús para confirmarle que él, hijo predilecto del clan de los Hasim, era también el heredero legítimo de un largo linaje de profetas.

—Parecéis creeros esa historia a pies juntillas, Montbard...

El borgoñón, que aún hablaba en voz baja, como si temiera ser escuchado por el resto, se detuvo a pocos pasos de la escalera de acceso a La Roca para recuperar el resuello. Estaba demasiado gordo para hablar, saltar, actuar y caminar a la vez.

—¡Es glorioso! —jadeó—. ¡No sabéis nada! ¡No tenéis ni idea de la historia de este lugar pero estáis aquí, con nosotros! ¿Por qué se os recluyó?

Antes de que Jean de Avallon pudiera protestar siquiera a aquellos insolentes comentarios, Monfort le detuvo.

—¡No me lo digáis! Yo os lo explicaré todo. Que Mahoma viera o no en este templo a los patriarcas bíblicos y a Nuestro Señor realmente no nos incumbe. Lo que verdaderamente importa ahora, lo que interesó a nuestro señor conde, es lo que le ocurrió después al Profeta.

—¿Después?

—¡Pues claro! —bramó—. Tampoco oísteis nada de eso, ¿verdad?

Jean comenzaba a sentirse como un perfecto estúpido. ¿Por qué nadie le había puesto al corriente de aquellos retazos de historia de los que presumía Montbard? ¿Tenía acaso que ver con la discreción con la que se trataban entre sí los caballeros más veteranos? ¿Explicaba esa actitud la prohibición de que ningún caballero entrase solo en la Cúpula de la Roca sin autorización expresa de Hugo de Payns?

—Escuchadme bien —prosiguió Montbard en tono confidencial—. Dicen que alguien, desde el cielo, lanzó sobre La Roca que pronto veréis una escalera hecha por entero de luz, y que ésta se ancló sobre la que aquí llaman la piedra de *Yaqub*.[1] Por ella Mahoma trepó a los cie-

---

1. De Jacob.

los, los recorrió de arriba abajo, y se maravilló de lo grande y perfecta que es la creación de Dios.

–¿Y decís que partió desde aquí a semejante viaje?

–Así es.

–¿Y regresó?

–Sí, con gran sabiduría. Y muy equivocado tendría que estar, mi querido hermano, si algo relacionado con esa escalera no fuera la razón última por la que hemos sido convocados aquí por nuestro señor conde. Después de la cruzada, él regresó a Francia pero encargó a Hugo de Payns que siguiera indagando en esa leyenda y encontrara la escala.

Jean de Avallon subió de tres o cuatro zancadas las escaleras porticadas que los árabes llamaban *mawazen* (las balanzas) y alcanzó en un suspiro la Puerta del Paraíso. Bajo su impresionante dintel turquesa y negro, uno de los sargentos de la Orden le tendió una antorcha encendida. Y después, otra a Montbard. Los dos eran los últimos en llegar.

–¿La veis? –le increpó el borgoñón nada más penetrar en las penumbras de aquel impresionante recinto octogonal.

–¿A qué os referís?

–A La Roca. ¿Qué va a ser? La tenéis a vuestra izquierda. Este corredor columnado sólo es un deambulatorio que rodea al único pedazo del monte Moriah que está al descubierto. Para los judíos ésta es la roca primordial en torno a la que Dios creó el mundo; sobre ella Abraham estuvo a punto de sacrificar a su hijo Isaac, y aquí mismo fue también donde su nieto Jacob tuvo su visión de la *Scala Dei* por la que vio ascender y descender miríadas de ángeles.

Jean resopló de asombro.

–Lo que ignoro –titubeó Montbard– es por qué lleva tantos años cerrado este lugar a nuestros caballeros...

–Es más hermoso de lo que imaginaba.

–Lo es.

Mientras el eco de sus últimas palabras se diluía entre los pliegues del mármol y la pedrería circundante, Hugo de Payns, a la cabeza del grupo, hizo un exagerado ademán indicándoles dónde estaba el punto de destino. Situado en el flanco sureste de La Roca, la meta era un tosco agujero practicado en el suelo en el que apenas se dejaban ver unos peldaños excavados a cincel, sin pulir. Los escalones se perdían tierra adentro, y al fondo, al final de lo que parecía un breve y estrecho corredor, se intuía una acogedora luminosidad anaranjada.

Lo atravesaron sin pensar.

Al otro extremo, de pie, los esperaba impaciente el conde de Champaña. De unos cincuenta años bien cumplidos, rasgos severos, ojos marrones y una prominente nariz ganchuda que se encorvaba sobre sus barbas grises, Hugo de Champaña vestía un jubón y calzas inmaculadamente blancos.

—Pasad, pasad hermanos al interior de la cueva primigenia, al *axis mundi* de la cristiandad —les exhortó—. Dejad fuera vuestros prejuicios, y permitid que el espíritu de la Verdad os penetre.

Junto a él, también de pie, uno de los capellanes de su séquito sostenía un voluminoso ejemplar manuscrito de la Biblia. Era un mozo joven, con el pelo cortado según las exigencias del Cister, y al que ninguno de los caballeros había visto antes en la Casa de la Orden o en los capítulos de aquellos días.

Cuando Hugo de Payns entró tras Jean de Avallon en la cripta inacabada, el clérigo supo que la ceremonia debía empezar.

—Estamos todos —asintió el conde—. El sabio, el ingenioso, el astuto, el audaz, el temeroso de Dios, el loco, el generoso, el mago y el ignorante. Procedamos, pues, a abrir el camino hacia el Altísimo.

Y dicho esto, alzó el índice de su mano derecha dando a entender al clérigo que la ceremonia debía empezar.

—Lectura del sagrado *Libro del Génesis*, capítulo vigésimo octavo —dijo, mientras los caballeros se santiguaban mecánicamente—: «Jacob salió de Berseba y marchó a Harrán. Llegado a cierto lugar, pasó allí la noche porque el sol habíase ya puesto. Tomó al efecto una de las piedras del lugar, se la colocó por cabezal y se tendió en aquel sitio. Luego tuvo un sueño y he aquí que era una escala que se apoyaba en la tierra y cuyo remate tocaba los cielos, y ve ahí que los ángeles de Elohim subían y bajaban por ella».

Andrés de Montbard guiñó un ojo a Jean, que se había acomodado justo en el lado opuesto adonde se encontraba él. Pronto supo por qué.

—Proseguid, padre —ordenó el conde.

—He aquí, además, que Yahvé estaba en pie junto a ella y dijo: «Yo soy Yahvé, Dios de tu padre Abraham y Dios de Isaac. La tierra sobre la que yaces la daré a ti y a tu descendencia, y será tu posteridad como el polvo de la tierra, y te propagarás a poniente y oriente, a norte y mediodía, y serán benditas en ti y tu descendencia todas las gentes del orbe. Mira, Yo estaré contigo y te guardaré dondequiera que vayas y te restituiré a esta tierra, pues no te he de abandonar hasta que haya cumplido lo que te he prometido». Jacob se despertó de su sueño y exclamó: «¡Verdaderamente Yahvé mora en este lugar y yo no lo sabía!». Y cobrando miedo, dijo: «¡Cuán terrible es este sitio; no es ésta sino la Casa de Elohim y ésta la Puerta del Cielo!». —Y añadió—: Palabra de Dios.

—Dios, te alabamos —respondieron los demás.

Mientras el capellán cerraba ceremoniosamente las escrituras y envolvía su libro en una tela de lino blanco inmaculado, el señor de la Champaña dio un paso adelante situándose en medio de la sala. Tras besar la cruz de plata que el cura llevaba colgada del cuello y doblar su rodilla frente a la custodia con el Cuerpo de Cristo que había ordenado bajar a la cueva poco antes, clavó su mirada en los caballeros.

—¿Veis esta losa de mármol en el suelo?

Bajo los pies de su señor se distinguía, efectivamente, una baldosa de veinte por veinte centímetros, muy pequeña, sin signo alguno grabado sobre ella.

—Es el lugar donde, según la Biblia, se posó la escala que vio Jacob —aclaró—. Exactamente el mismo punto sobre el que el rey David levantó el primer altar a Dios después de pecar gravemente de soberbia contra Él.[1] Fue él el monarca que ordenó a Joab y todo su ejército que censaran a la población de Israel, desconfiando así de la promesa hecha por Yahvé a Jacob cuando le prometió que «tu descendencia será como el polvo de la tierra».

Hugo de Champaña miró los rostros serios de sus hombres y continuó.

---

1. 2 Samuel, 24.

–¿Es que no lo veis? Jacob primero y David después rezaron justo en este lugar, y fue aquí donde al padre del sabio Salomón se le apareció un ejército celestial que descendió por otra escala de luz y le mostró cómo debía ser el edificio que protegiera esta puerta de entrada a los cielos. ¡Estáis en la Puerta! ¡En el Umbral del Cielo! ¡En el *umbilicus mundi* que une este mundo con el otro!

–También Mahoma vio esa escala, señor... –Jean de Avallon, casi completamente oculto tras las anchas espaldas del flamenco Payen de Montdidier, se atrevió a interrumpir al conde.

–Así es, joven Avallon. Y en cierta medida, todos vosotros estáis aquí por esa razón. Cuando hace cuatrocientos años los sarracenos tomaron esta tierra y erigieron sobre la Roca de Moriah tan singular mezquita, sabían que estaban encerrando entre muros de piedra el secreto de la Escala. Fue durante el asedio de Antioquía, en el camino de Siria, cuando descubrí la terrible verdad...

–¿Terrible verdad? ¿A qué os referís, señor?

El conde Hugo volvió la cabeza, clavando su mirada en el gesto adusto de su fiel Godofredo. El gigante, con los brazos cruzados sobre el pecho como si fuera un Pantocrátor a punto de administrar justicia, le observaba expectante.

–Estuvisteis conmigo allá, ¿ya no lo recordáis?

–Claro, mi señor –protestó–. Pero no permanecí junto a vos todo el tiempo, porque dirigí uno de los escuadrones que vigilaron el sector oriental de la ciudad durante los nueve meses que duró nuestro sitio.

–Comprendo. Entonces faltasteis al parlamento que tuve con uno de los *sheiks* sarracenos que vinieron a negociar la paz con nuestras tropas. Se llamaba Abdul el-Makrisi y llegó a mi tienda acompañado de un viejo intérprete turco que nos explicó al príncipe Bohemundo y a mí lo peligroso que era que perseveráramos en nuestro asedio a su ciudad.

–¿Peligroso? ¿Osó amenazaros en vuestro propio terreno?

–No, mi fiel Saint Omer. Aquel sabio musulmán vino para advertirnos que Antioquía era una de las plazas fuertes que protegían la ruta hacia un lugar maldito que los cruzados debíamos evitar a toda costa. Se trataba de una de las siete torres que el mismísimo Diablo había hecho construir entre Asia y África, levantándolas en regiones tan remotas como Mesopotamia o las lindes de Nínive. El-Makrisi nos explicó que aquellas torres estaban en manos de los seguidores de cierto califa llamado Yezid, enemigo de su sultán, y abogados de la inocencia de Lucifer y su buena voluntad para con los hombres.

–¿Defendían a Lucifer?

–Aunque parezca increíble, así es. Los *yezidíes* creen que fue el único ángel con suficiente valor para cuestionar a un Dios colérico y justiciero como el de los judíos o el del Profeta.

–¿Y la «terrible verdad» de la que habláis?

–El-Makrisi nos reveló que una de esas torres de acceso al Infierno se erigió en Jerusalén, precisamente en este mismo lugar. Nos juró que los turcos tomaron la ciudad con la secreta intención de sellar esa entrada para siempre y auguró que si les echábamos de aquí, como sucedió, recaería sobre nosotros la responsabilidad de constituir una nueva estirpe de guardianes de la Puerta. De lo contrario, el Mal volvería a emerger por ella. Además, se nos dijo que al menos otras siete entradas se abrirían en Occidente, y que a nosotros nos correspondería sellarlas para siempre.

–¿Y qué pasó? –preguntó Jean de Avallon, que llevaba un rato escuchando sobrecogido.

–No hicimos caso. Tras algunas deliberaciones, tomamos Antioquía gracias a un traidor que nos tendió cuerdas y escalas desde una de sus almenas, y una vez dentro dimos muerte a todos y cada uno de sus habitantes. La justicia divina se impartió durante veinticuatro horas, sin interrupción ni piedad. Nuestras espadas no distinguieron entre ancianos, mujeres, niños o soldados, y al final del segundo día toda la sangre turca de Antioquía corría por sus calles. Y con ella los detalles sobre las Torres del Diablo de las que sólo conseguimos averiguar que formaban sobre la tierra la figura del Gran Carro celestial.[1]

–¿Y después?

–Después vinimos a Jerusalén y comprobamos que, en efecto, el aviso de El-Makrisi era real. La terrible verdad estaba viva. ¡Viva! ¿Lo entendéis?

---

1. La Osa Mayor.

El conde cerró los ojos antes de continuar.

–Fue al llegar a este lugar cuando comprendí la responsabilidad que había caído sobre mí. También fue un 23 de diciembre, como hoy, cuando aquí abajo decidí fundar la Orden a la que pertenecéis y asumir la responsabilidad que adquirí al desoír a aquel sabio *sheik*.

–Entonces –le atajó Godofredo–, en realidad nuestra misión no es la de guardar los caminos de los peregrinos, sino proteger la Puerta que hay al final de éste.

–Las Puertas, Godofredo. Las Puertas.

SCALA DEI[1]

Jean de Avallon y los ocho hombres que estuvieron con el conde de Champaña esa madrugada en la cueva de La Roca, jamás terminaron de entender lo que sucedió a continuación. Fue algo que, sólo cuando pudieron reflexionar sobre ello lejos de Jerusalén y embarcados en las misiones que se les asignó, aceptaron como un hecho minuciosamente planeado por su señor.

Ocurrió así: Tras sus parcas explicaciones sobre la ubicación de las Torres del Diablo, el señor de la Champaña, solícito, ordenó a su capellán que avisase a algunos sirvientes a los que había apostado cerca del cubículo santo. Les dio algunas indicaciones precisas que ninguno escuchó y regresó después con sus caballeros para seguir con el oficio sagrado.

Así, mientras los guerreros atronaban la estancia entonando *Spiritus Domini Replevit Orbem Terrarum* (El espíritu del Señor impregna toda la Tierra), media docena de mancebos vestidos con ropa de vivos colores dispusieron junto a cada uno de los guerreros hermosas copas de piedra. Vertieron en ellas un vino fresco y aromático, y después se retiraron discretamente escaleras arriba.

—Bebed la Sangre de Cristo, hermanos, y juramentaos contra el Maligno ofreciendo vuestros filos a la protección de la Escala de Dios —dijo el conde alzando su copa y rozándola contra el techo bajo de la cueva.

Los caballeros imitaron el gesto. Tocaron piedra con piedra y bebieron tres, quizá cuatro veces más de aquel licor dulce. Después se

---

1. Del latín, «Escalera de Dios».

dejaron inundar por una extraña sensación de bienestar que manaba de sus propias entrañas.

Gondemar de Anglure fue el primero en notar la bofetada de calor al ascender hasta el nivel de La Roca. Cuando abandonó la cueva había amanecido ya, pero aquel antiguo escribano salido del convento de Claraval para empuñar la espada, tembló de sorpresa. No sabría cómo describirlo con palabras; fue como si una de aquellas lenguas de fuego de las que hablaban los Evangelios en el episodio de Pentecostés acabara de posarse sobre su cabellera nada más emerger al recinto de la cúpula. Su vello se erizó, sus músculos perdieron súbitamente toda la fuerza y una especie de nube densa nubló sus sentidos.

Sin saber cómo ni por qué, su mente se iluminó. El entorno era hiperreal, lleno de contrastes y matices que jamás había visto. Después, una extraordinaria claridad se abrió paso entre sus confusas ideas, y hasta aquellos ininteligibles grabados en árabe que poblaban las paredes enjoyadas de la mezquita comenzaron a cobrar sentido para él. En cuestión de segundos, cada palabra, cada frase extraída del Corán y grabada en piedra, era misteriosamente comprendida por su mente.

¿Qué prodigio era aquél?

De rodillas, con los ojos fijos en el tambor que rodeaba la cúpula, e invadido de una gratitud sin límite, Gondemar comenzó a recitar maravillado:

—¡Oh, María! —bramó—. En verdad, Dios te anuncia la buena noticia de su Verbo. Su nombre es el Mesías Jesús, hijo de María, considerado en este Mundo e ilustre en el otro, y uno de los próximos a Dios...

—¡Es la *Sura* tercera! —asombrado, Hugo de Payns comenzó a notar que él también estaba a punto de perder el equilibrio.

—¿La *Sura*? —preguntó otro.

Su duda recibió una respuesta mecánica, insulsa, poco antes de que el senescal del conde cayera violentamente sobre sus rodillas.

—Tercer libro del Corán, versículo 40, hermano...

Qué espectáculo. Uno tras otro, los caballeros fueron dándose cuenta del prodigio que estaba produciéndose a su alrededor, y contagiados por un repentino fervor místico, se arrodillaron alrededor de

Gondemar. Pero éste no estaba sumergido en trance alguno, ¡leía! Y Hugo, con los ojos húmedos, murmuraba casi imperceptiblemente aquellos mismos versos, siguiéndolos con la mirada alrededor de todo el perímetro de la bóveda filigranada. Era un milagro.

El conde fue el último en postrarse.

Lo increíble, no obstante, llegó instantes después. Un temblor persistente, acompañado de un zumbido parecido al que causarían cien mil abejas danzando alrededor de su reina, se extendió por todo el recinto. Venía de ninguna parte y de todas a la vez, pero tamizó la atmósfera del lugar haciéndola casi tangible.

Nadie permaneció ajeno a aquella mutación. Imposible. Desde el suelo, un estremecimiento agudo atravesó las botas de tafilete de los guerreros, y ascendió vertiginosamente por sus calzas hasta apoderarse de cada una de sus extremidades. Era un temblor constante, que encrespó sus cabellos y les hizo sentir un fuerte cosquilleo por todo el cuerpo.

Ninguno se movió.

No podían.

Y tampoco los sirvientes o los sargentos que habían sido apostados en varios de los rincones del octógono.

Después, sin anunciarse, llegó la luz. Un fogonazo fuerte, casi sólido, estalló frente a ellos, en la misma vertical de La Roca. Fue en un abrir y cerrar de ojos. El tiempo suficiente para que el zumbido se intensificara hasta el dolor y los congregados cayeran al suelo retorciéndose de angustia.

Duró poco. Como mucho, lo que se tarda en contar hasta diez. Y después, cuando el tormento se esfumó, un denso silencio se apoderó del lugar.

–¿Lo... visteis?

El conde fue el primero en quebrar aquella calma.

–Era una escala –murmuró uno de ellos.

–No. Ésa es la fuerza del Maligno. Sólo quien disponga de la coraza de la fe, resistirá... y vencerá. Ahora que ya lo sabéis, ¿deseáis aún continuar en esta Orden?

Jean, todavía encogido de dolor a pocos pasos del acceso al subterráneo, fue el primero en asentir.

Conmovido, el señor de la Champaña se acercó hasta él y, agachándose hasta colocarse a su altura, le murmuró en voz baja algo al oído:

—En ese caso, mi fiel Jean de Avallon, vos buscaréis las puertas de Occidente y sellaréis cada una de ellas con un templo. Serán obras tan magníficas, tan perfectas, que jamás dejarán entrever lo que ocultan. Y no os preocupéis, yo os serviré de guía.

Jean, con los ojos enrojecidos y húmedos, miró al frente, hacia La Roca ahora oscura y vacía. Meditó las palabras del conde, y tras guardárselas en el corazón, acertó a asentir en voz alta y clara, para que todos le oyesen.

—Acepto de buen grado vuestras órdenes, mi señor –dijo balbuceando–, y las acataré aunque en ello me vaya la vida. Ahora que he visto la *Verdad*, que Nuestra Señora proteja tan sagrada misión, amén.

—Amén –respondieron cuantos le oyeron, sin saber a qué.

SATÉLITE

Toulouse, en la actualidad

Allí estaba otra vez.

El ERS-1[1] se balanceó suavemente sobre su costado izquierdo, orientando de nuevo los paneles plateados hacia la tranquila superficie del planeta azul. Obedecía así a la última instrucción electrónica enviada desde la Tierra apenas unas décimas de segundo antes.

Su carcasa dorada centelleó mientras un silencio de espanto, el mismo que tantos astronautas han intentado describir al regreso de sus paseos espaciales, arropaba toda la maniobra como un manto protector.

La recreación por ordenador de aquel instante no dejaba lugar a dudas: con una majestuosidad envidiable, el satélite, dócil, acababa de inclinar veinte grados el eje del cajón rectangular que sujetaba sus delicados instrumentos. Sólo los paneles lisos de cerámica estampados con el emblema de la Agencia Espacial Europea, se contrajeron ligeramente extendiendo aquella ligera sacudida por todo el ingenio.

A las 13.35, hora GMT en punto, todo estaba otra vez dispuesto para que el «baile» se repitiese.

Quien más quien menos cruzó los dedos.

Pese a que la operación marchaba según el programa previsto por el equipo del profesor Monnerie, los técnicos sabían que aquél era el

---

1. *European Remote Sensing.*

momento más delicado de toda la misión. Y se notaba. Una espesa nube de nicotina había engullido hacía un buen rato los monitores desde donde se seguía el ajuste orbital del satélite. De hecho, fue aquella niebla informe y seca lo primero que Michel Témoin respiró nada más entrar a la Sala de Control.

Allá dentro parecía de noche. El anfiteatro de tres gradas que rodeaba la gran pantalla mural desde la que se dominaban las órbitas del resto de satélites de la Agencia, estaba más atiborrado que de costumbre. Con las luces atenuadas, los monitores de las consolas encendidos y los miles de teclas multicolores resplandeciendo a la vez, el lugar parecía a punto de hervir.

—Estamos preparados, señor.

Una voz metalizada tronó en toda la estancia.

Adoraba aquello. Llevaba casi tres años sin ver otro paisaje que ese enloquecido universo de luces, señales electrónicas e instrucciones mecanizadas. No sabía si fuera de allí llovía o hacía sol, si habían dejado atrás el invierno o el verano. Fuera la época del año que fuese, siempre dejaba aquella sala siendo de noche, y aunque muchas veces le quitaba el sueño el proyecto que llevaba entre manos, nunca faltaba un día a su cita con la lectura. Lo había heredado de Letizia... pero prefería no acordarse demasiado de ella.

—Podemos reiniciar ya la cuenta atrás, señor.

El operador responsable de las comunicaciones con el satélite, un clónico de Andy Warhol que estaba sentado frente a la más céntrica de las mesas de control de la sala, acababa de dar luz verde a la siguiente maniobra del ERS-1.

—Gracias, Laplace —respondió alguien a sus espaldas—. ¿Está ya la antena en posición?

—Lista para desplegarse, señor.

Témoin palideció. Aquel segundo timbre de voz, que retumbó en el hemiciclo a través del sistema de megafonía interno, era lo último que el ingeniero jefe esperaba escuchar allá abajo. Sin embargo, no había error posible: Jacques Monnerie en persona había descendido a los infiernos y estaba dando las órdenes al satélite a pie de panel. ¿Y qué diantres hacía allí la máxima autoridad de la estación, codo con codo con los «mortales» operarios del CNES?[1] ¿Inspeccionar por sorpresa una misión rutinaria?

Témoin sacudió la cabeza, y antes de que pudiera dar marcha atrás y regresara indignado por donde había venido, *meteor man* –apropiado sobrenombre para un manojo de nervios como Monnerie– le detuvo en seco de un grito. Se había arrancado de cuajo micrófono y auriculares, y corría hacia él.

–*Mon dieu,* Michel. ¿Dónde demonios se había metido usted? Llevo veinte minutos tratando de localizarle.

–¿Veinte minutos?

El ingeniero, un hombre de mediana edad, gafas de pasta negras y bigote bien recortado, trató de dibujar una sonrisa ingenua y convincente.

–Lo siento, señor. Estaba en la sala de comunicaciones verificando los sistemas de navegación del satélite. Nadie me ha informado de que usted controlaría esta operación personalmente...

–Está bien –le atajó *meteor man* sin demasiado convencimiento, mirándole por encima del hombro–. Supongo que allá arriba todo estará en orden para la nueva captura de imágenes, ¿no?

Un escalofrío recorrió la columna vertebral de Témoin.

–El ERS está preparado, profesor. Le aseguro que a mis hombres no se les escapará ningún detalle.

–Eso espero, Michel. Por su bien. Ustedes los científicos no tienen ni idea de lo que cuesta cada uno de sus fracasos al presupuesto nacional.

El profesor gruñó algo más en voz baja, que el ingeniero no acertó a descifrar. Encogido dentro de su chaqueta, chasqueó la lengua antes de rematar:

–No necesito recordarle que los resultados que obtuvimos ayer fueron un galimatías ininteligible, señor Témoin –dijo vaciándole una pequeña nube de humo en la cara–. Un desastre cartográfico napoleónico. ¡Y usted también me prometió que todos los sistemas funcionarían correctamente!

---

1. Siglas del Centro Nacional de Estudios Espaciales de Toulouse.

—Eso creía, señor. Pero esas cosas ocurren a veces. Ya sabe, una inversión de la temperatura en las capas altas de la atmósfera, un haz de radar militar...

—¡Bobadas!

Pese a su vista cansada, su pronunciada gota y sus 60 años bien cumplidos, *meteor man* observó al ingeniero igual que una cobra antes de atacar a la presa elegida.

—El satélite funcionaba bien, profesor —tembló—. Revisé sus sistemas de arriba abajo antes de la misión de ayer y todos estaban en perfecto estado.

—Pues algo falló, señor Témoin.

—La cuestión es qué.

—Y su trabajo consiste precisamente en averiguarlo, ¿no?

Jacques Monnerie le dio la espalda, fijando toda su atención en el trazado orbital del ERS-1 que en esos momentos terminaba de dibujarse sobre el monitor gigante de cristal líquido de la sala.

Allá arriba, a 800 kilómetros sobre sus cabezas, aproximadamente sobre la vertical de Dijon, la sofisticada antena de diez metros de longitud del satélite estaba a punto de desplegarse en cuatro partes antes de lanzar su primer haz de microondas contra la superficie de Francia.

El persistente rumor de la sala se apagó. Si aquello salía bien, el resto de la maniobra sería sencilla.

—Tres... dos... uno...

—¡Abran el «paraguas»!

El *Synthetic Aperture Radar*, más conocido como SAR por el personal de la Agencia Espacial Europea, era un ingenio de una precisión sobrecogedora. Diseñado por un equipo de expertos en telecomunicaciones entre los que se encontraba el propio Témoin, el SAR permitía obtener «mapas radar» de zonas del suelo mayores de 25 metros de lado, sin importar las condiciones atmosféricas dominantes. Era capaz de atravesar sin dificultad nubes de tormenta y obtener imágenes digitales nítidas de la superficie terrestre. Después, gracias a éstas, un buen equipo de analistas podía delimitar la ubicación exacta de edificios, avenidas, bosques o lagos y determinar su superficie exacta y orientación con un margen de error de apenas unos centímetros.

De hecho, cada una de esas zonas de 25 metros cuadrados quedaban después plasmadas en un píxel, la expresión mínima de imagen hasta donde permitían ampliar los poderosos ordenadores del CNES. Esto es, cualquier cosa mayor que esa superficie, quedaba impresa en los instrumentos del SAR con una definición casi absoluta.

Michel Témoin se situó frente a la consola central de la sala, echó un breve vistazo a los indicadores de órbita por encima del hombro de los operadores y se aseguró de que el ERS estaba ya sobre el punto elegido. Después, tras intercambiar un par de precisiones con «Andy Warhol», él mismo tecleó la orden correspondiente.

Eran las 13.43 GMT. Habían transcurrido cien minutos exactos desde que el ERS-1 completara su última órbita sobre el objetivo. Fue entonces cuando «el ojo que todo lo ve» se dispuso a tomar su primera «foto».

Automáticamente, la palabra *scanning* se encendió en el margen superior izquierdo del monitor que vigilaba Monnerie.

—¿Está enviándonos ya la información? —preguntó.

—Sí, señor. En menos de dos minutos la tendremos ya registrada. Luego sólo quedará convertirla en imagen.

Su respuesta satisfizo al profesor.

—Confío en usted, Témoin —mintió.

—Gracias, señor.

A las 15.23, tras circunvalar una vez más la Tierra, el ERS-1 «disparó» una segunda andanada de microondas sobre la línea imaginaria que une las ciudades de Bayeaux, Évreux y Chartres. *Meteor man* ya no estaba allí para comprobar cómo la órbita prefijada se había mantenido firme durante todo el trayecto. Se limitó a advertir que quería ver los resultados sobre su mesa lo antes posible.

Pero la misión era larga.

A las 17.03, durante la tercera órbita, le tocó el turno a Amiens y Reims. Y a las 18.43 a París.

A esa altura, a través de los monitores electrónicos del satélite, la Ciudad de la Luz se veía como una gran mancha blanca rodeada por una especie de nubarrones oscuros. El SAR funcionaba así: asignaba un color claro a las superficies pulidas y sólidas, generalmente construcciones humanas, en las que rebotaban uniformemente las ondas de alta frecuencia. Y daba un tono opuesto a aquellas texturas «blandas» e irregulares que absorbían los haces electrónicos del satélite.

Limpio, silencioso e indetectable, el ERS-1 era una de las mejores inversiones del gobierno del ex presidente Mitterrand. La OTAN codiciaba sus servicios. La mafia rusa ya había intentado piratear su información en beneficio propio durante el primer conflicto contra Chechenia. Incluso los iraquíes jugaban con cierta frecuencia a interceptar sus emisiones de radio tratando de robar su preciosa base de datos cartográficos.

Antes de cumplirse las 19.00 horas, la parte orbital de la *Operación Charpentier* había finalizado por completo. Ya sólo quedaba esperar a que la información electrónica recogida fuera descodificada y convertida en imágenes, siguiendo un proceso similar al que aplica la NASA a los datos obtenidos de las últimas misiones espaciales enviadas a Marte.

Nadie en Toulouse quería ni imaginar que la misión pudiera fracasar por segunda vez en menos de veinticuatro horas.

ZEUS

Todo fue cuestión de minutos.

Después de finalizado el último barrido del «ojo», con la noche ya cerrada sobre el sur de Francia, el potente Zeus comenzó a vomitar los primeros resultados tangibles de la *Operación Charpentier*. Este ordenador, con nombre del todopoderoso dios del Olimpo, es capaz de realizar varios millones de operaciones por segundo y le corresponde el honor de ser el único equipo europeo capaz de convertir los impulsos electrónicos enviados por los satélites geoestacionarios en imágenes inteligibles.

Así pues, una tras otra, las tomas obtenidas en la vertical de Dijon, Bayeaux, Évreux, Chartres, Amiens, Reims y París, en este orden, fueron dibujándose lentamente en sus monitores y componiéndose sobre un mapa de píxels de casi medio metro de lado cada uno.

Michel Témoin esperaba.

El ingeniero se acarició el bigote al ver la primera de las fotografías completamente formada; suspiró como si le fuera la vida en ello y aplicó una potente lupa encima de algunos de los accidentes del terreno. No había duda alguna: aquello era Dijon. Y tenía el temido «error».

En efecto, varios píxels de información en la imagen aparecían inexplicablemente en blanco. Sin nada. Como si la tierra se hubiera volatilizado en ese punto.

Témoin se temió lo peor.

Una tras otra, la misma anomalía fue apareciendo sistemáticamente en las siguientes imágenes, en diferentes parámetros de las tomas y con contornos igualmente diversos. El ingeniero no acertaba a explicarse la razón de aquella especie de «agujeros». Era como si un pequeño escuadrón de *black holes*[1] se hubieran tragado lo que quiera que hubiera en esas coordenadas, que en todos los casos no debían corresponder a franjas de terreno de más de mil metros cuadrados de superficie.

Zeus chirrió.

Sobre cada una de las ciudades fotografiadas habían aparecido, por segunda vez consecutiva, aquellas siete extrañas manchas grisáceas de aspecto inestable.

En realidad, hablar de manchas era definir demasiado el problema. Más bien se trataba de un conjunto de rayas horizontales muy pequeñas y pegadas unas a otras, que tapaban lo que había debajo. Analizado fríamente, era como si algún tipo de «contraemisión» hubiera sido capaz de bloquear la pupila del *ojo* electrónico del ERS-1, haciéndole desenfocar el suelo y perder aquel preciso fragmento de información geográfica.

La explicación no era demasiado ortodoxa –es cierto– y, además, carecía de sentido desde un punto de vista estrictamente técnico. Lo peor era que Témoin lo sabía.

---

1. Del inglés, «agujeros negros».

«TERRIBILIS EST LOCUS ISTE»[1]

Chartres, 1128
Tres años después de lo ocurrido en Jerusalén

Todo era tal como se lo habían descrito. El Eure, un río lento y cristalino, lamía el canal de piedra por el que había sido desviado, aparentemente ajeno al trajín de peregrinos que daban vida al sinfín de posadas y casas de comida del lugar. Al este, justo después de atravesar la Puerta de Guillaume, un magnífico puente cruzaba aquellas aguas serenas, desembocando frente a l'Hopitot, el albergue de dos pisos construido por los benedictinos para dar techo y sustento a cuantos religiosos de su orden recalaran allí. Y sobre aquel conjunto, cubriendo buena parte del horizonte visible de la ciudad, la colina. Un cerro majestuoso, sitiado por un mar de pequeñas casas dispuestas en una meticulosa sucesión de círculos concéntricos, entretejidos alrededor del macizo santuario donde se custodiaban las reliquias de san Lubino.

No necesitaron preguntar. La única calle adoquinada de la ciudad debía llevarles, por fuerza, hasta el lugar al que se dirigían.

Aquella era una jornada normal en Chartres. El mercado de ganado de los miércoles estaba atestado de visitantes de todo el Beauce, que se aprovisionaban allí de cuanto necesitaban para la temporada de invierno. La fiesta de la natividad de Nuestro Señor estaba cerca. Cabras, ovejas, alguna que otra vaca, así como asnos y gorri-

---

1. «¡Este lugar es terrible!», Génesis 28, 17.

nos en abundancia, se amontonaban detrás de empalizadas de madera improvisadas sobre el empedrado de la plaza mayor. El bullicio era ensordecedor, y un agrio olor a excrementos inundaba el corazón de la villa.

Jean de Avallon hizo caso omiso a la chusma. Seguido de cerca por Felipe, su jovencísimo escudero cargado con el yelmo, la cota de armas, el espaldarcete y las botas de hierro de su señor, se abrió paso entre los comerciantes e invitó al séquito que custodiaba a que avanzase hasta su posición. Se trataba de un reducido grupo de cinco *monjes blancos*, salidos de la abadía de Claraval hacía justo una semana, y cuya pulcritud contrastaba con el sucio ambiente que les rodeaba.

Frente a ellos, uno de complexión frágil y muy delgado, rostro afilado, barba escueta y ojos saltones, atendió de inmediato a las señas del caballero. Dio un par de zancadas por delante del grupo, y descubriendo su cabeza rapada sobre la marcha, se dirigió al caballero con cierta solemnidad.

—Habéis cumplido bien vuestro trabajo, Jean de Avallon —dijo—. Que la infinita gratitud de Nuestro Señor Jesucristo se extienda sobre vos.

—No he hecho más que servir a mi voto de obediencia, padre Bernardo —respondió éste, vigilando de reojo a la plebe que empezaba a arremolinarse en torno a ellos—. Decidme ahora qué misión deseáis encomendarme y gustoso me entregaré a ella.

—Con sentir cerca la protección de vuestras armas será suficiente —dijo el monje—. Chartres es un lugar de fe, que no precisará de vuestra espada tanto como de vuestra inteligencia.

Sin pretenderlo, Bernardo de Fontaine, abad del próspero monasterio cisterciense de Claraval, hizo recordar al caballero el verdadero propósito de aquel viaje. En realidad no habían tomado la pesada ruta hacia Auxerre y Orléans sólo para visitar al obispo Bertrand. El abad, un hombre de una inteligencia aguda y un sentido de la devoción fuera de lo común, deseaba confirmar si aquella colina era el lugar que llevaba meses buscando. Desde que llegara a su convento el caballero de Avallon, Bernardo no había dejado de pensar en los extraños episodios que habían vivido el conde Hugo y sus hombres, y en cómo podría llegar a controlar la inmensa fuente de poder que parecían haber localizado en Tierra Santa. ¿El Diablo? «Tal vez», se respondía. El hombre cuyo lema era su célebre *Regnum Dei intra nos est* (el reino de Dios está dentro de nosotros) creía que el Diablo también lo estaba y que, por tanto, los sucesos vividos en Jerusalén –tan externos, tan objetivos– debían de tener una explicación forzosamente «exterior».

Pero había algo que le preocupaba más aún: saber que estaba ya venciendo el tiempo para traerse desde Jerusalén la «llave» de la *Scala Dei* que, si Jean de Avallon no había equivocado su descripción, había aparecido hacía poco en el subsuelo de La Roca. Y lo que era más difícil: debía determinar dónde haría reposar aquella reliquia. ¿Sería Chartres el lugar buscado?

Tal como esperaba, en la iglesia abacial del burgo un pequeño comité de recepción aguardaba la entrada del famoso Bernardo. Al frente se encontraba el obispo Bertrand, un varón de buena panza y cabellos cuidadosamente recortados, que vestía una fina capa roja trenzada de filigranas doradas. Junto a él, varios «monjes negros» de Cluny, todos de muy sano aspecto, observaban con desconfianza a aquel «hatajo de místicos muertos de hambre».

Las presentaciones duraron lo justo. Tras encontrarse las dos delegaciones bajo el pórtico norte de la iglesia –uno decorado con toscas imágenes de los doce apóstoles repasadas con pinturas de vivos colores–, sus dos dignatarios se dieron un beso en la mejilla y penetraron en el interior del templo para deliberar a solas. A ninguno de los dos les interesaba enzarzarse en la eterna discusión de Iglesia pobre o Iglesia rica, así que, camuflados por las penumbras del templo, se dejaron llevar por la complicidad a la que éstas invitaban.

–Gracias a Dios que habéis venido, fray Bernardo.

El rostro rosado del obispo perdió su falsa sonrisa nada más dar la espalda a su séquito.

–En verdad pensé que mis oraciones habían sido escuchadas cuando vuestro emisario nos anunció ayer que llegabais a la ciudad.

Fray Bernardo torció el gesto.

–¿Y a qué se debe vuestra inquietud? No pensé que claudicarais tan pronto al ideal cisterciense.

–Oh, no, no –se apresuró a contestar el obispo–. Aunque no comulgue con vuestros ideales ascéticos reconozco que sus monjes tienen más experiencia en los asuntos del espíritu, y ahora me ocupa uno de éstos.

–Vos diréis.

–La semana pasada –se explicó Bertrand– desapareció en la cripta de Nuestra Señora, en esta misma iglesia, el maestro de obras que habíamos contratado para reformarla. Fue un suceso de lo más extraño. Al principio, creímos que había sido un secuestro, pero hace sólo dos días el desgraciado reapareció en el mismo lugar en que se esfumó, ¡cuando el templo estaba completamente cerrado!

–Así que regresó.

–Más o menos. Creemos que fue cosa demoniaca. ¿Qué si no?, pues de lo contrario no entiendo cómo el maestro pudo colarse en la cripta sin forzar la puerta de entrada. ¡Estaba intacta! Lo peor es que reapareció con las facultades completamente trastornadas, y apenas pudimos sacar nada en claro de su desaparición.

–¿Trastornado decís?

El obispo alzó la vista a la bóveda de la iglesia, como si buscara argumentos más sólidos para su explicación.

–Bueno –dudó–, canturreaba necedades sobre un ángel que lo había llevado a las alturas, mostrándole, dijo, la pluralidad de las esferas del cielo. Afirmaba, muy seguro, que Dios había dispuesto las luminarias del cielo como si fueran cubos en una noria, todos atados entre sí, y que todo el mecanismo de esa rueda estaba gobernado gracias a su infinita sabiduría. Y farfulló algo sobre la voluntad de Dios de que lo que haya en el cielo sea imitado en la tierra por los hombres. ¿Comprendéis algo?

–¿De veras dijo eso? –los ojos saltones de Bernardo brillaron de excitación–. ¿Y contó algo más?

–La verdad es que no. Unos calores extrañísimos, que no supimos atajar a tiempo, se apoderaron de él, y murió ayer por la tarde en medio de grandes delirios. Por fortuna, poco después recibíamos al legado anunciando vuestra llegada, y dimos gracias a Dios por enviarnos tan adecuado emisario para desvelar este misterio.

—Ya...

—Decidme, padre, ¿tiene algún sentido para vos lo que nos contó el cantero?

—Tal vez, eminencia —Bernardo juntó sus manos frente a la boca, en un gesto muy propio de él—. Conducidme a la cripta donde ocurrió lo que me relatáis. Si fue el Diablo o alguno de sus secuaces, a buen seguro que dejó allí sus infectas huellas.

—Seguidme.

El obispo Bertrand levantó ligeramente sus hábitos para caminar mejor, y tras rodear el altar principal, descorrió una tapa de madera bajo la que nacía un estrecho y húmedo tramo de escaleras. La cripta en la que desembocaba era un recinto que debía cubrir más o menos la mitad de la nave central; oscuro como boca de lobo, era de superficie amplia pero de escasa altura. Y al fondo, junto a un pozo y el arcón con las reliquias de san Lubino al lado del sagrario, una magnífica talla de la Virgen con el niño en su regazo presidía el lugar. Un velón enorme iluminaba la estancia sin demasiada generosidad.

—¿Qué clase de obra pensabais hacer aquí, eminencia?

—Queríamos rebajar el suelo y hacer la cripta más cómoda. Colocar unas hileras de bancos y poder oficiar aquí ceremonias de bautismo, funerales... No obstante, el maestro convenció a nuestro capítulo para que derribáramos esta iglesia y comenzáramos otra nueva de acuerdo con un estilo innovador y poco realista, la verdad.

—Comprendo —asintió Bernardo—. ¿Y dónde decís exactamente que reapareció vuestro maestro de obras?

—Junto a Nuestra Señora, padre.

—Lo suponía.

—¿De veras?

El abad se detuvo junto a una columna con el paso de la oración del huerto del viacrucis claveteada sobre ella. Miró de hito en hito a su anfitrión y, poniéndose en jarras, le espetó todo tieso:

—Obispo Bertrand, me sorprende vuestra falta de perspicacia. Todavía no me habéis preguntado qué es lo que me ha traído realmente a vuestro burgo. Apenas he llegado, me habéis enfrentado a un enigma que os preocupa, pero no habéis indagado nada en las causas reales de mi visita. Si con todo obráis de igual manera, jamás solventaréis casos como el que ahora os desvela...

El prelado enrojeció.

—Tenéis razón, padre. Os debo una excusa.

—No importa. Yo os lo diré: deseaba ver *precisamente* este lugar. Vos sabéis que llevo años defendiendo que el culto a Nuestra Señora merece un lugar que hasta ahora le ha sido negado. Nuestra Señora, como madre humana de Dios, es la intermediaria natural entre nosotros y el reino de los cielos, entre la Tierra y Nuestro Señor. Aquel que desee llegar a Dios lo hará más fácilmente a través de su madre piadosa que utilizando otros caminos. Los antiguos pobladores de este lugar, remotos antecesores de los primeros cristianos, ya sabían esto y elevaban sus plegarias a la Madre, ¡antes de que Dios la mandara al mundo!

El obispo aguardó un instante antes de responder.

—Acertáis, fray Bernardo —asintió al fin—. ¿Sabíais que mi predecesor, el obispo Fulberto, vistió con los atributos de la Madre de Dios a la diosa pagana con su hijo en el regazo que veneraban los *carnutiis*,[1] y suprimió el dolmen que éstos habían bajado hasta aquí?

—En el bosque de Claraval, los druidas también veneraban ese tipo de divinidades. Creían que se trataba de Madres Sagradas que engendraron sus vástagos divinos sin contacto carnal alguno, y cuyos santuarios servían de puente natural para hablar con lo Alto. ¿No es esto, acaso, una maravillosa prefiguración de lo que habría de ser Nuestra Señora en este tiempo de luz? ¿No estamos ante una evidente señal profética que anuncia la llegada de la Madre de Dios?

—Quizá —murmuró Bertrand, encogiéndose de hombros ante la oratoria del abad de Claraval—. Pero eso no explica lo que le ha ocurrido a nuestro maestro de obras.

—O sí. Si lo miráis bien, dijo que un ángel se lo llevó a los cielos y le mostró cómo eran esas regiones. Llevo años estudiando esta clase de relatos en los manuscritos que guardamos en mi monasterio, y uno de ellos en particular, un escaso manojo de páginas que rescataron los

---

1. Etnia local, de tradición druídica, que habitaba las regiones próximas a Chartres antes de su cristianización.

hombres del conde de Champaña, mi señor, durante la cruzada de Urbano II, cuenta algo parecido a lo que le ha pasado a su cantero.

—Contadme si podéis. ¿También le pasó a otro constructor?

—En cierta medida, así es. La Biblia dice que sólo tres profetas ascendieron en cuerpo y alma a los cielos, además de Nuestra Señora: Enoc, Elías y Ezequiel. El primero escribió las páginas de las que os hablo, y en ellas describió detalladamente una raza de ángeles a la que llamó los «vigilantes», que le arrebataron de entre los suyos en dos ocasiones. La primera de ellas estuvo ausente durante treinta días y treinta noches. Dijo haber viajado en compañía de un ángel al que llamó Pravvel y que le entregó un estilete y unas tablas en las que escribió sin parar hasta completar trescientos sesenta textos. A su regreso, Enoc se trajo con él aquellas preciadas tablas y se sirvió de ellas para formar a los hombres sobre los secretos del cielo.

—Pero las Escrituras no dicen nada de esto... —murmuró el obispo.

—Cierto. Se trata de un libro perdido, que narra cosas terribles, sorprendentes, y que la voluntad de Dios ha querido tener fuera del alcance de los cristianos para no espantarlos.

—¿Espantarlos?

—Sí, eminencia. Por ejemplo con historias como la de la rebelión de Lucifer, al que Enoc, por cierto, llama Semyaza. En el texto del que le hablo, dice que ese tal Semyaza y un grupo de doscientos ángeles más se sublevaron contra Dios, copularon con nuestras mujeres, y engendraron una raza de titanes de aspecto infernal que llegó a sobrevivir incluso al Diluvio. Esos diablos en carne humana recorrieron toda la tierra formando familias que es posible que se hayan perpetuado hasta hoy, y erigieron torres para señalar a los de su estirpe donde podrían reunirse con los suyos.

—¡Válgame Dios!

—Algo de estos gigantes supervivientes dice el *Libro de los Números*, capítulo 13, versículo 33. O *Deuteronomio*, capítulo 2, versículo 11. O *Josué*, capítulo 12, versículo 4...

—¿Y qué otras cosas dice su libro?

—Poco más. Desgraciadamente, son muy escasas las páginas que poseemos, muy delicadas. Aunque, eminencia, para satisfacer su inquietud sobre los hechos ocurridos en su diócesis, debo decirle que los árabes que las entregaron al conde de Champaña le explicaron que Enoc fue un gran constructor y que de aquel viaje se trajo los planos del templo perfecto, dejándolos grabados en piedra.

–Pierre de Blanchefort no dijo nada de un plano antes de morir –reflexionó el obispo.

–Ningún maestro de obras lo hace.

–¿Ninguno? ¿Quiere decir que hubo más de un Enoc?

–Bueno... Ezequiel obtuvo de Dios una visión detallada de cómo deseaba que fuera el Templo, y existe una tradición que cuenta que sus planos llegaron hasta el mismísimo rey David, que los legó después a Salomón. Y esos planos debían ser sólo el principio de un gigantesco plan divino para imitar en el mundo mortal la estructura del mundo celeste. Que vuestro constructor accediera a parte de esa información por cuenta propia sólo puede significar una cosa, eminencia.

El obispo Bertrand tomó las pálidas manos de fray Bernardo entre las suyas. Estaban frías, como si el monje hubiera entrado en uno de aquellos raros arrobos que sufría periódicamente.

–¿Qué? –le interrogó–. ¿Qué puede significar?

–Que el maestro de obras estuvo realmente en los cielos y accedió a los planos de Enoc. Y alguien que hubiera visto esos planos, eminencia, es justo lo que hemos venido a buscar aquí.

LOUIS CHARPENTIER

Toulouse

No hacía falta ser demasiado perspicaz para saber que Jacques Monnerie no estaba de buen humor. Cuando eso sucedía, la atmósfera de su despacho se hacía irrespirable; apenas entraba luz a través de los cristales tintados de su despacho, y su mesa, habitualmente ordenada, se llenaba de montañas caóticas de papeles y virutas de lápiz por todas partes.

Y ése era, exactamente, el desolador panorama que Michel Témoin, simulando apatía, tenía frente a sí.

—¡Imposible! —exclamó el profesor al examinar las imágenes del ERS-1—. ¡Imposible! ¡Imposible! —repitió—. No han podido fallar los sistemas otra vez, ¡y justo en los mismos lugares que ayer! ¿No comprende que esto es estadísticamente inaceptable?

El ingeniero, de pie, tembló. Aunque sabía que su director era un hombre de temperamento incontrolado, jamás le había visto sumido en aquella extraña mezcla de abatimiento y cólera a la vez. Lo peor era que las imágenes procesadas por Zeus no dejaban margen para la duda: las tomas del satélite presentaban claras deficiencias en zonas geográficas muy concretas.

—Si usted me lo permite —apuró Témoin tras un incómodo silencio—, tal vez lo mejor sea explicarle al cliente que contrató este servicio lo que hemos encontrado. A fin de cuentas, profesor, no deja de ser extraño que justo los lugares que le interesaba fotografiar sean los que nos han dado problemas.

—Usted no lo entiende, ¿verdad?

—¿Entender?

Meteor man se llevó la mano izquierda a la frente, como si quisiera secarse un sudor que aún no había aflorado.

—Nuestro cliente es, en realidad, una sociedad filantrópica que ha donado casi treinta millones de dólares a esta institución durante el último año para que hagamos bien nuestro trabajo. Estas manchas —dijo señalando una de las fotos— ponen en evidencia que no somos capaces de hacerlo. Nuestro fracaso nos arrastrará a una catástrofe administrativa sin precedentes. Lo comprende, ¿verdad?

Su rostro afilado enrojeció.

—Pero, señor, yo no creo que el error sea atribuible a nuestra tecnología. Más bien debe tratarse de algo ajeno al ERS.

—¿Ajeno? ¿Qué quiere usted decir?

Témoin sabía que no tendría otra oportunidad como aquella para convencer a *meteor man*, así que decidió jugar fuerte.

—Piense que es la segunda vez que repetimos el proceso, y los píxels en blanco están situados, como usted ha visto, *exactamente* en las mismas coordenadas que ayer. ¿No le parece significativo?

Monnerie se inclinó de nuevo sobre una de las imágenes.

—¿Un defecto en la antena? —murmuró.

El ingeniero negó con la cabeza. La toma seleccionada —la CAE 992610— mostraba la inconfundible línea recta que traza la *rue Libergier* hasta el corazón mismo de Reims, y que debía desembocar frente al pórtico principal de su catedral gótica. Sin embargo, en lugar de ésta lo único que podía verse era uno de aquellos malditos borrones.

El profesor se pellizcó la mejilla suavemente tratando de convencerse de lo que tenía frente a los ojos. Repasó una vez más cada una de las imágenes servidas por el ERS y propinó un buen puñetazo a la mesa. Impresas sobre papel fotográfico y acompañadas de una serie de dígitos que indicaban las coordenadas y altitud desde donde fueron tomadas. Las fotos impresionaban por su extraordinaria nitidez. Y lo que mostraban era, sin duda, lo más extraño que había visto en sus treinta y cinco años de carrera.

—Hágame un favor, señor Témoin —habló al fin, cuando terminó de barajar aquellas tomas—, trate de averiguar qué demonios es lo que tapan esas manchas. Si está usted en lo cierto, quizá hayamos tenido la mala suerte de tropezarnos con algún instituto científico, un laboratorio de magnetismo o un centro experimental que a la misma hora de nuestro barrido estaba enviando emisiones al espacio que afectaron a nuestros sistemas. Si ése fuera el caso, al menos podríamos entregar las fotos a nuestro cliente acompañadas de una explicación convincente.

—No, no —el ingeniero mudó por primera vez su rictus temeroso—. Eso no será necesario.

—¿Ah, no?

Monnerie se reclinó en su asiento giratorio, aguardando una explicación que, evidentemente, estaba a punto de llegar.

—El problema es fácil de plantear, señor.

—Le escucho.

—Verá, si sobrepone estas imágenes a un plano de la misma escala de las ciudades con que se corresponden, estoy seguro de que podremos comprobar que las áreas afectadas se ajustan como un guante al lugar donde se levantan sus catedrales.

Monnerie arqueó las cejas, incrédulo, mientras su ingeniero se esforzaba por mostrarse lo más convincente posible.

—¿Lo ve? —insistió Témoin mapa en mano—. En Chartres es la *place de la Cathédrale* el centro del borrón; en París, la *Île-de-France*, en Amiens...

—¿Catedrales? —le interrumpió.

—No hay duda, señor. Compruebe los planos.

—¿Y cómo cree usted que debo entender su afirmación, Témoin?

—Lo ignoro. Le dije que el problema era fácil de plantear, no de resolver.

—Pero tendrá alguna idea al respecto, ¿no es cierto?

Monnerie observó cómo Témoin tomaba por fin asiento frente a su mesa, enjugándose el sudor con un pañuelo color crema y acariciándose su pulcro bigote. No sabía por dónde empezar.

—Le he dado muchas vueltas a esto desde que vimos los resultados de ayer, y sólo he encontrado una excepción a mi teoría, que me deja un tanto desconcertado —el ingeniero hizo una pausa imperceptible para dar más profundidad a sus palabras, y remató—: Dijon. Ahí la anomalía, que se sitúa bastante más al noroeste de la ciudad, se corresponde, curiosamente, con otro enclave religioso llamado Vézelay.

—Vaya... ¿Y eso le dice algo?

—No. ¿Y a usted?

—Lo siento... —titubeó Monnerie—. Ya sólo faltaba que los campanarios afectasen ahora a nuestros satélites.

—No, no, claro. Pero ante esta información creo que la hipótesis de una contraemisión de microondas debe ser descartada. La razón es otra, quizá de índole arquitectónica; algún extraño efecto de absorción de microondas de las piedras, una mala reflexión de las ondas, ¡qué sé yo!

—Entonces, ¿no tiene nada... digamos... sólido?

—Si me permite otra sugerencia, señor, tal vez podría hablar con el cliente que ha encargado al Centro este trabajo y tantearle sobre si esperaba encontrar algo «especial» en las imágenes que nos pidieron.

—¿Y qué le hace pensar que esa gestión pueda aportarnos alguna pista?

—Piénselo. De momento, es lo único que podemos hacer. Sabemos que ningún campo magnético natural es capaz de provocar un efecto como ese, y que lo que aparece en las fotos del satélite lo hemos descubierto porque un cliente nos ha pedido datos específicos de esas ciudades.

Monnerie se mordisqueó el labio inferior, como si algo importante acabara de venírsele a la mente pero supiera que revelarlo podría complicar las cosas. Dejó que todo el peso de su cuerpo se volcara sobre su sillón giratorio, y tras balancearse suavemente, clavó sus ojos en el ingeniero.

—Una cosa más, Témoin, ¿conoce usted una fundación internacional llamada *Les charpentiers*?

—No. ¿Debería?

—Su Consejero Delegado fue quien nos encargó este trabajo hace una semana. El propósito de su fundación es estrictamente histórico: velan por que se conserve el patrimonio artístico de Francia, en especial de la ruta a Compostela, y tienen un especial interés en preservar sus edificios de estilo gótico. Recaudan fondos de mecenas de toda Europa que después invierten en proyectos que creen pueden arrojar más luz sobre los temas históricos que les interesan.

—Vaya… Un esfuerzo notable.

—Lo es. Si le cuento esto es porque al decir usted lo de las catedrales, me ha venido a la mente el nombre de la fundación.

—Claro —sonrió Témoin—. Los carpinteros fueron un gremio particularmente importante en la construcción de los templos góticos. Ellos eran los encargados de hacer los andamios sobre los que se construían los arcos ojivales, y después de retirarlos.

Monnerie asintió.

—Se lo digo precisamente por eso. No creo que sea más que una bonita coincidencia, pero ya que usted tiene esas ideas tan particulares, tal vez esto le diga algo.

—¿Coincidencia? ¿Es usted de los que creen que Dios juega a los dados, profesor?

Sus mandíbulas se tensaron antes de proseguir.

—Mire, *monsieur* Monnerie, no pensaba decirle esto, pero acaba de darme una buena razón para hacerlo. Anoche, al regresar a casa y tratar de encontrar algún sentido a las anomalías fotografiadas por el «ojo», reuní toda la documentación que tenía a mano sobre catedrales. Me dormí después de las dos. No fue mucho lo que encontré, es cierto, pero había varias ediciones baratas de libros que me llamaron la atención. Sobre todo uno.

—¿Y bien?

—Se titulaba *Les mystères de la Cathédrale de Chartres* y había sido escrito, agárrese, por un tal Louis Charpentier —Témoin tomó aire—. Lo entiende, ¿verdad? «Luis el Carpintero», sin duda un seudónimo propio de un maestro constructor medieval.

—Otra coincidencia, naturalmente.

—O quizá no. Verá, en ese libro se explica que si se traza, en un determinado orden, una línea que una todas las poblaciones con catedrales que *precisamente* hemos estado fotografiando hoy, obtendríamos algo parecido a si dibujáramos el plano de la constelación de Virgo sobre el mapa de Francia. ¿No le parece extraño?

Monnerie se reclinó sobre su butaca arrugando el entrecejo. Observó sin decir una palabra cómo el ingeniero tomó un pedazo de papel y dibujó sobre él una especie de rombo, en cuyos vértices situó la numeración de algunas estrellas de Virgo.

—Imagínese que esto es Virgo...

—Bien.

—Ahora, si une Reims con Amiens al norte, y con Chartres al sur; y ésta con Évreux y Bayeaux, y Bayeaux con Amiens, ¿ve cómo lo que se obtiene es la misma figura geométrica?

Jacques Monnerie levantó la vista de los dibujos y clavó sus ojos en el ingeniero.

—Usted es un científico, mi querido amigo. Dígame: ¿adónde cree que le va a llevar una afirmación de esa naturaleza?

—De momento, a ninguna parte —reconoció—. Pero ¿sabe lo mejor?, en ese libro, el tal Charpentier explica que todas las ubicaciones religiosas que han aparecido distorsionadas en nuestras fotos están consagradas a Nuestra Señora y fueron construidas alrededor de las mismas fechas del siglo doce.

—No entiendo qué importancia puede tener...

—Muy fácil: si todas se levantaron en años consecutivos, era porque debían obedecer a un gigantesco proyecto elaborado por maestros de obras que parecen salidos de ninguna parte, y que dispusieron de fondos sorprendentemente abundantes en una época de fuerte recesión económica. —Y añadió guiñando un ojo—: Creo, señor, que aquí se esconde un enigma de primera magnitud. Ayer sólo era una sospecha, pero hoy estoy plenamente convencido de ello. Es más, si estoy en lo cierto, debería usted concertar una cita con ese Consejero y pedirle algunas explicaciones.

Fue suficiente para Monnerie. Por su mentalidad estricta y formación religiosa severa, las repentinas divagaciones de su ingeniero amenazaban con sacarle de sus casillas. ¿Edificios del siglo XII que emiten algo parecido a microondas que distorsionan las lecturas de un satélite? ¿Un tal Charpentier que habla de un plano de Virgo trazado sobre media Francia y unos *charpentiers* que subvencionan a una agencia espacial para que tome imágenes de los lugares que configuran ese diseño? El profesor, bien empotrado en su butaca, cruzó los dedos con fuerza. Los apretó tanto, que todas sus puntas palidecieron debido a la falta de riego sanguíneo. Después, tratando de contenerse, zanjó aquella charla.

–Eso es una locura, Témoin. Es evidente que tenemos un problema con el ERS, pero se trata de algo estrictamente técnico que no es de la incumbencia de nuestro cliente. El resto de factores que usted apunta no obedecen más que a un curioso cúmulo de coincidencias, condicionadas por lecturas que, créame, no debería hacer alguien de su talla.

–Como usted diga, señor. Pero insisto que...

–Basta, Témoin –le atajó secamente el profesor–. Sus especulaciones han llegado demasiado lejos. Si en las próximas horas no tengo sobre mi mesa una explicación racional a estos errores, me veré obligado a depurar responsabilidades. Lo ha comprendido, ¿verdad?

–Desde luego, señor.

SUSPENSIÓN

Pasaba del mediodía cuando el teléfono del despacho de Michel Témoin tronó junto a su oído. El ingeniero lo escuchó sin inmutarse, y rendido como estaba sobre un montón anárquico de papeles, fotografías y libros, dejó que sonara un par de veces más antes de descolgarlo con desgana. Sólo cuando el tercer timbrazo se le clavó entre las sienes, el ingeniero se dio cuenta de que había pasado toda la maldita noche trabajando en las fotos del ERS-1.

–*Allò?* –su saludo sonó poco convincente. Era evidente que, al otro lado, el anónimo interlocutor se lo estaba pensando dos veces antes de continuar.

–¿Es usted el señor Témoin? –dijo por fin.

–Sí, soy yo. ¿Quién es?

–¿Michel Témoin Graffin? –insistió.

–Sí.

La voz tosió levemente, como si aclarara su garganta para transmitir algo importante.

–Le llamo de parte del profesor Jacques Monnerie –dijo–. Soy Pierre D'Orcet, abogado laboralista y representante legal de la empresa para la que usted trabaja. Tengo sobre mi mesa la copia de un expediente que el director del CNES ha cursado contra usted esta misma mañana. ¿Sabe de lo que le estoy hablando?

Témoin tragó saliva.

–No, no tengo ni la menor idea.

–Está bien, se lo explicaré. Según la carta que obra en nuestro poder, se le acusa de haber cometido una serie de negligencias graves en el transcurso de la supervisión del programa *European Remote Sensing Satellite*. También dice que sus ideas extravagantes sobre la causa de los errores cometidos han impedido al equipo técnico del proyecto solventarlos con la rapidez necesaria. Le llamo, pues, para informarle de que se le va a convocar a una vista oral ante el Consejo de Administración del CNES en breve. Va a tener que dar explicaciones convincentes de su trabajo si no quiere verse metido en un buen lío.

«¡Será cabrón!» La noticia despertó de golpe al ingeniero, y como si acabara de recordar un mal sueño, pronto lo vio todo claro: *meteor man* le había lanzado a los leones para proteger su propia piel. «Me quiere como cabeza de turco, el muy hijo de...»

—También debo informarle —continuó D'Orcet con su acento impecable y su estudiada prosa jurídica— de que debe usted desalojar su despacho en las próximas horas y no incorporarse a su puesto de trabajo en tanto no se determinen sus responsabilidades. Esta misma mañana recibirá un sobre con la confirmación por escrito de lo que le acabo de comunicar, con instrucciones precisas para su inmediato cumplimiento.

—¿Debo dejar mi puesto de trabajo hoy mismo? —titubeó.

—Es lo más conveniente para usted, señor Témoin. Créame.

El ingeniero no replicó. Con una frialdad que le costó fingir, tanteó al abogado acerca del tiempo que tardaría el mensajero en traerle aquel sobre y colgó con suavidad el teléfono. Atónito, descompuesto, permaneció unos instantes sin saber qué hacer. La sola posibilidad de quedarse sin trabajo y tener que llevar sobre sus hombros el peso de un expediente laboral le paralizaba de terror.

Y además, D'Orcet. Témoin, como todo el personal del CNES, había oído hablar alguna vez de él. Sabía, como todos, lo mucho que le gustaba aplicar a sus adversarios técnicas de cazador, y era consciente de que aquel picapleitos siempre se las ingeniaba para quedarse con la mejor pieza de la «montería». Era un maestro de las leyes. Astuto, ágil y despiadado, echarle encima a semejante bestia de la abogacía era lo más parecido a condenarle de antemano a perder hasta la camisa.

«Explicaciones, pero ¿qué explicaciones voy a dar al Consejo?», se lamentó en voz baja, hundiendo el rostro entre sus manos regordetas.

Lo primero que le pasó por la mente en cuanto se serenó fue llamar al teléfono directo de Monnerie, pero se contuvo. Aunque era probable que aquella rata pretenciosa no estuviera esa mañana detrás de su mesa de caoba –era un cobarde reconocido–, enseguida se percató de que enfrentarse directamente a él contribuiría a aportar nuevos y contundentes argumentos legales contra su causa. Después, hizo un cálculo aproximado del tiempo y la forma en la que podría atrincherarse en su despacho, resistiendo la orden de desahucio provisional que le llegaría de un momento a otro. Tras meditarlo mejor, también desechó esa idea. Por último, y una vez con los requerimientos de D'Orcet en sus manos, donde se le daba un plazo de diez días para presentar sus alegaciones ante el Consejo, decidió que lo mejor sería tomarse un respiro y pensar bien cómo podría convencer a sus superiores de que él no tuvo nada que ver en los «fallos» del satélite.

Así pues, al filo de las tres de la tarde, antes de que la mayor parte de sus compañeros regresaran del almuerzo, Michel Témoin abandonó el Edificio C del Centro Espacial de Toulouse rumbo a ninguna parte. Sólo se llevó consigo una caja de cartón con algunos papeles personales, su agenda y la correspondencia de los últimos días.

Una escueta nota a su secretaria lo decía todo: «Volveré más tarde». La nota quedó pegada en el monitor de su ordenador.

También dejó las carpetas con asuntos pendientes cuidadosamente apiladas en una bandejita de alambre, recogió lo poco que tenía encima de su escritorio –fotos del ERS incluidas–, y tras poner algo de orden en su cartera de mano y en la caja, bajó hasta el aparcamiento y se dispuso a atravesar el complejo de seguridad de la agencia espacial rumbo al exterior.

Por supuesto, Témoin no se dio cuenta del monovolumen gris plateado con matrícula de Barcelona que se colocó inmediatamente tras él, siguiendo su ruta a través de la amplia avenida de Edouard Belin.

TABULAE

A las afueras de Orléans, 1128

El campamento parecía completamente dormido.

Desde su posición, acurrucado junto a una espesa mata de juncos al otro lado del Loire, Rodrigo tomó buena nota de dónde estaban los rescoldos de las hogueras y calculó, haciendo un serio esfuerzo, cuánto tardaría en atravesar el río antes de alcanzar el centro del asentamiento.

No iba a ser fácil, concluyó. El puente más cercano estaba a más de dos millas de allí, y aun abusando de la oscuridad total de una noche sin luna como aquella, era muy probable que hubiera guardias armados hasta los dientes vigilando el perímetro del campamento. Los rumores en la ciudad no dejaban lugar a dudas: aquél era un convoy recién llegado de Tierra Santa, que debía de estar protegiendo alguna reliquia muy valiosa, propiedad de algún noble señor. Un vasallo del rey que había organizado la protección de la caravana a manos de cinco caballeros y su nutrido y bien armado séquito de hombres.

Cualquier riesgo merecía la pena.

La caravana era, por otra parte, todo un misterio: el contenido exacto del cargamento y la identidad de su propietario no habían trascendido aún, y las fuerzas vivas de la ciudad no sabían ya qué hacer para satisfacer su curiosidad. Dos días llevaba el contable del señor feudal recaudando cada vez más altos tributos de paso que los caballeros, para su pasmo y el del conde, pagaban sin chistar. Los peajes en cada uno de los puentes atravesados fueron abonados en oro e incluso habían tenido el piadoso gesto de hacer una espléndida donación para las obras de la catedral del burgo. ¿Qué raro tesoro merecía tantos dispendios? El obispo de la ciudad, Raimundo de Peñafort, no podía soportar tanto misterio.

Por eso Rodrigo estaba allí. Su misión era infiltrarse hasta el corazón mismo de la caravana, ver con sus propios ojos qué transportaban aquellos hombres e informar después a Peñafort. El obispo, claro está, no deseaba un enfrentamiento directo con los soldados, así que había escogido al más miserable de sus hombres para solventar el enigma. Lógico. Aunque fuera atrapado y confesara la identidad de su mentor, ¿quién creería a un patán semejante?

Había atravesado los Pirineos huyendo del señor de Monzón, en las tierras altas aragonesas, para intentar conseguir ser un hombre libre, y ahora se veía en la extraña tesitura de tener que jugarse la vida para satisfacer la curiosidad de un obispo siniestro si deseaba aspirar a su protección.

No lo pensó. A tientas, Rodrigo se desató los cordeles que anudaban su capucha de lana alrededor del cuello, y tras desembarazarse de ella y quedarse en mangas de camisa, dejó las botas a un lado para sumergirse en el agua sin hacer ruido. El río estaba helado.

—¡Dios! —susurró de dolor, cuando sintió llegar la corriente a su entrepierna.

Nadó en línea recta, como lo haría un perro de caza, guiado por el tenue resplandor de las velas encendidas en el interior de una de las tiendas del campamento. Se movía rápidamente para entrar en calor y el pobre trataba de mantener la boca cerrada para evitar que le castañetearan los dientes. Salir, no obstante, fue peor aún que entrar. Empapado y frío, Rodrigo se rebozó durante unos minutos, como si estuviera poseído, en la arena de un bancal. Hizo lo posible para intentar secarse y de pie, descalzo, se acercó hasta la primera línea de *grebeleures*[1] del campamento sólo por no quedarse quieto.

Eran sólo tres y más allá otras tantas. Al fondo, muy al final del peligroso corredor formado por los vientos de sujeción de las lonas,

---

1. Tiendas de lona, características de los cruzados franceses.

un leve resplandor anunciaba la existencia de un fuego de campamento todavía bien alimentado.

El trayecto hasta allí parecía despejado. Sin animales que pudieran dar la alarma o bultos de cierta envergadura con los que tropezar, Rodrigo dio cuatro grandes zancadas hasta la primera de las tiendas. Sigiloso como un zorro, repitió la misma operación dos veces más, hasta saberse seguro al final de aquella especie de calle y poder estirar la cabeza para adivinar qué le aguardaba al otro lado.

Entonces lo vio.

Una decena de metros delante de él se distinguían las ruedas macizas de no menos de seis grandes carros. Habían sido colocados formando un círculo en torno a un séptimo, dejando un solo hueco entre ellos por donde poder acceder de pie hasta el corazón de aquel ruedo.

Junto al carro central, chispeaba la hoguera en la que se calentaban dos hombres. Lucían sendas espadas colgadas del cinto y dos pequeñas dagas cerca del muslo derecho. Parecían relajados, conversando sobre los planes de su capitán para el día siguiente, y asando unos pequeños trozos de carne en la lumbre.

¿Tenía elección? Tras echar un vistazo a la escena, Rodrigo supo que no le quedaba otra opción: debía arrastrarse por debajo de los carros de la periferia hasta situarse justo en el lado opuesto de los soldados. Desde allí, con suerte, reptaría hacia el centro sin ser visto, y penetraría en el carro central para examinar su carga tratando de no balancearlo demasiado. Si todo iba como imaginaba, le bastarían unos minutos para saber qué se guardaba allí dentro y escapar siguiendo la misma ruta de acceso en cuanto la ocasión se lo permitiera.

El pulso se le aceleró.

Allá delante, las puntas redondeadas de las botas de los soldados era lo único que podía intuir a través de la panza del carro.

Mojado, dejando un casi imperceptible rastro de agua tras de sí, se tumbó debajo de su caja de madera para recuperar el aliento antes de dar el siguiente paso. Las voces de los soldados eran ya inconfundibles.

–Llevamos casi diez años esperando órdenes, y nunca pasa nada –se lamentaba uno de ellos.

–No te quejes. Al menos hemos podido regresar a Francia –replicaba el otro–. Si hubieras formado parte de la guarnición del conde, aún estarías haciendo guardia en la Torre de David.

–Odio Jerusalén.

–Y yo.

Rodrigo vio cómo uno de los soldados removía con un palo la hoguera, azuzando los rescoldos en los que terminaba de asar su trozo de carne. Su mente se disparó: ¿de qué conde hablaban? ¿Y por qué decían odiar Jerusalén? ¿Eran cruzados?

Tomó aire.

Mientras la leña crujía y soltaba chispas por todas partes, el mozo se estiró por uno de los laterales de la carreta, quitó un par de clavos en los que se amarraba la lona que cubría la caja de carga y, haciendo fuerza con ambos brazos a la vez, se estiró hasta introducirse con éxito en ella. Muy pesado debía de ser su contenido porque éste no se movió ni un milímetro.

Fue cuestión de segundos. La vista del aragonés se adaptó pronto a una penumbra apenas rota por los destellos de la hoguera del exterior. Por fortuna, el lino que cubría el carro era muy delgado, tanto que dejaba pasar bastante bien la escasa claridad circundante y las amenazadoras sombras de los centinelas.

Al principio dudó si moverse. Había caído entre dos grandes masas que asemejaban bloques de granito. Duros y fríos, tan altos como él de pie, ambas piezas estaban amarradas con gruesas sogas a la base del carro y calzadas con lo que sin duda debían ser piezas de madera talladas a medida.

Rodrigo palpó los contornos de uno de ellos, tratando de encontrar alguna juntura. Primero buscó en las esquinas, sin encontrar ningún accidente en la pulida superficie de la piedra. Y después, paseando la mano en diagonal por sus cuatro caras perfectas, tampoco halló lo que buscaba. ¿Qué era aquello? ¿Dos bloques de piedra? Y si de eso se trataba, ¿para qué apostaban dos centinelas y los rodeaban con el resto de carros del convoy? No tenía sentido.

Tras comprobar que el segundo de los bloques era de dimensiones parecidas, si no idénticas, al primero, el aragonés dejó caer su espalda contra uno de ellos.

¿Y si no fueran bloques? ¿Qué otra cosa podían ser?

Allí apoyado, sin venir a cuento, Rodrigo recordó las piletas para abrevar caballos que había visto en el castillo de Monzón. Los canteros las tallaban con las piedras sobrantes de las murallas y después las cambiaban por carne ahumada o pan a los campesinos del señor. Se trataba de cubos de piedra vaciados a cincel, macizos por fuera, pero huecos por dentro e indistinguibles lateralmente de un bloque de cantero normal. Eran muy prácticos, y él los había visto utilizar incluso como sagrarios en las parroquias más pobres. ¿Y sí...?

La idea le excitó. ¡Abrevaderos gigantes! ¡Cofres de piedra! ¡Sarcófagos! Aun a costa de tropezarse con la sepultura de algún desgraciado, Rodrigo sabía que no tendría otra oportunidad como aquélla. Se aupó en uno de los tocones de madera que separaban ambos bloques y, tras extender la mano para comprobar si eran macizos por arriba, notó cómo su brazo se venía abajo. Su pulso volvió a acelerarse. Con la mano en el vacío, la agitó dentro del cubículo tratando de hacerse con las dimensiones de aquel gigantesco tanque de piedra. Era sorprendente: las paredes interiores parecían más pulidas aún que las de afuera, y en el habitáculo no cabría un hombre, ¡entraría un buey! Lisas como espejos, su palma se deslizó sobre sus paredes como si de placas de hielo se tratara.

Pero algo debían contener.

Apoyado en los tocones, Rodrigo se estiró todo lo que pudo. Levantó muy poco el cuello hasta el borde del primer arcón y después, forzando su mirada, distinguió algo allá abajo. No sabría explicarlo muy bien, pero parecían un montón de ladrillos de cristal. De color verde oscuro, aquellas planchas de apenas dos dedos de grosor cada una, parecían emitir una tenue luminosidad. ¿O sólo reflejaban la del ambiente?

Las contó como pudo: unas ciento ochenta en cada arcón. Es decir, bastantes más de trescientas entre los dos.

Una vez hecho eso —que le llevó más tiempo del que esperaba—, tomó una de ellas y se la encajó entre el ombligo y el jubón. Tenía hambre, pero aguardó pacientemente al cambio de guardia antes de abandonar el carro y dejar el campamento con las últimas tinieblas de la noche. Ya tendría tiempo de comer de la bien surtida mesa de la Iglesia.

El obispo estará satisfecho, pensó.

VIRGO

La A-68 hasta Montastruc la-Conseillére, en la autopista hacia Albi, estaba inusualmente descongestionada a esa hora. Acostumbrado a despachar cada fin de jornada con los atascos de quienes huyen diariamente de Toulouse rumbo a la infinidad de pequeñas aldeas de los alrededores, aquella calma del tráfico rodado le pareció un paisaje de otro mundo.

Michel Témoin manejó prudentemente su pequeño Suzuki Swift hasta las glorietas exteriores del pueblo, y después, mientras las sorteaba al ritmo del último disco de Loreena McKennit, enfiló con decisión hasta la puerta de su bloque de apartamentos. Tras encajar el automóvil como pudo entre dos furgonetas gualdas de reparto de *La Poste*,[1] subió de dos en dos los escalones que le separaban del umbral del piso 2 B1.

Desde que Letizia le abandonara por un reparador de televisores hacía ya más de un año, atravesar aquella puerta blindada comprada con el primer sueldo común de la pareja le resultaba insoportable. Letizia era una rubia cuarentona de carnes prietas con la que decía haber pasado algunos de los mejores momentos de su vida. De ascendencia prusiana, su fuerte carácter dejó buena huella en toda la casa: en la cocina de madera de pino, en la celosía con enredadera del cuarto de baño y hasta en el dosel con grecas geométricas del dormitorio. Nada parecía haber escapado a sus manos hacendosas y a su estricto estilo germánico. Es más, hasta la biblioteca de la casa se enriqueció abun-

---

1. Servicio de correos francés.

dantemente con títulos que Témoin jamás hubiera pensado comprar, *Les mystères de la Cathedrale de Chartres* incluido.

Pero no estaba para sentimentalismos.

Lanzó las llaves junto al horrible retrato que se hicieron al borde de la muralla de Montségur poco antes de la ruptura, y en el que Michel creía verse ahora con pinta de cornudo, y corrió a la despensa a servirse un buen Beaujolais. No es que le gustara beber solo, pero el momento merecía un trago de lujo. En el fregadero descorchó la última botella que le quedaba, y sin pensárselo demasiado se quitó zapatos y gafas, dejándose caer en su sillón de cuero reclinable.

—¡Muerte a los bastardos! —exclamó en voz alta alzando su copa.

Fueron sólo dos. Las encajó de un trago, sin fijarse en otra cosa que en el fondo emborronado del cristal. Después, estremecido por la acidez del vino añejo, sus ojos se posaron instintivamente sobre el lomo del libro de Louis Charpentier, que descansaba junto a su ordenador portátil. Aunque sus contornos le parecieron borrosos, supo de inmediato de qué se trataba. «Tú tienes la culpa de todo —murmuró—. Y Letizia, por supuesto.»

Aquel volumen coronaba una columna de obras irregulares, entre las que destacaba por ser el de encuadernación más pobre. Rellenó una vez más la copa, y la sujetó a la altura de sus gruesos labios, como si desde su posición el vino pudiera aclararle la vista o tuviera el don de resolver alguna de las dudas que le atenazaban. ¿Por qué diablos se habría metido en camisa de once varas defendiendo aquella estupidez de la correlación entre las catedrales y la constelación de Virgo? ¿Se arreglaría todo si pidiera disculpas a Monnerie y se confesara culpable de los fallos del satélite?

«Lo dudo», se respondió balbuceando en medio de un sorbo largo e intenso. Sabía que *meteor man* le tenía ganas. Sobre todo desde que fue ascendido a director del Centro y se vio con poder para decidir sobre las vidas de sus antiguos compañeros. Aquel malnacido era un tirano en potencia. Un ogro.

¿Y qué podía hacer? Témoin, que no recordaba ya la última vez que había estado al borde de una borrachera, apuró sin respirar la nueva dosis, dejando que el fuerte aroma del Beaujolais surtiera su efecto.

Dos tragos más y pronto sería incapaz de creer que iban a echarle del trabajo. ¿Era eso malo? ¿Huiría hacia delante? ¿O armaría su defensa alrededor de una idea absurda enunciada por un autor desconocido que, además, se escondía tras un seudónimo más que sospechoso? El salón comenzó a dar vueltas a su alrededor. ¿Y por qué un seudónimo? ¿Acaso no bastaba ese detalle para desconfiar de la fiabilidad de todo el libro?

El ingeniero se tambaleó ligeramente antes de alcanzar por su propio pie la poblada mesa de comedor, casualmente también comprada por Letizia a un decorador de Nimes. Rió. Después de todo, cada rincón de aquella casa, hasta cada adorno o mueble, eran como carteles que le recordaban a cada paso que su vida –hasta ese momento sólo la amorosa– era un fracaso. Témoin, sacudiendo la cabeza y dejando a un lado la copa con tinto en el fondo, terminó apoyando sus codos junto a la pila de libros, posando sus narices sobre el Charpentier.

–¿Y tú de qué te ríes? A ti también te abandonaron, estúpido –murmuró.

El tomo, claro, no respondió. Aquel pequeño volumen, encuadernado en rústica y con unas vistosas letras doradas grabadas sobre fondo oscuro y una imagen en blanco y negro de la fachada principal de la catedral de Chartres, permaneció quieto en su lugar.

–¿No respondes?

Los ojos vidriosos del ingeniero se detuvieron en la portada.

–Cobarde.

Dicho aquello, Michel lo tomó de un zarpazo, hojeando con torpeza sus amarillentas páginas. Las pasó con fruición, como si esperara que de ellas se destilara el antídoto contra todos sus males. De hecho fue así, casi sin querer, como dio con una hoja a la que había doblado la esquina la noche anterior. Casi al final del capítulo titulado *El misterio del cerro*, se enunciaban con exactitud los datos que le habían hecho ser acusado de tener «ideas extravagantes». Éstos, además, venían acompañados de un curioso diagrama que le había pasado desapercibido antes. En él se comparaban las estrellas fundamentales de la constelación de Virgo –dibujada con aspecto vagamente romboidal– con la disposición de ciertas catedrales góticas del norte de Francia. Según aquella gráfica, los dos mapas eran virtualmente idénticos.

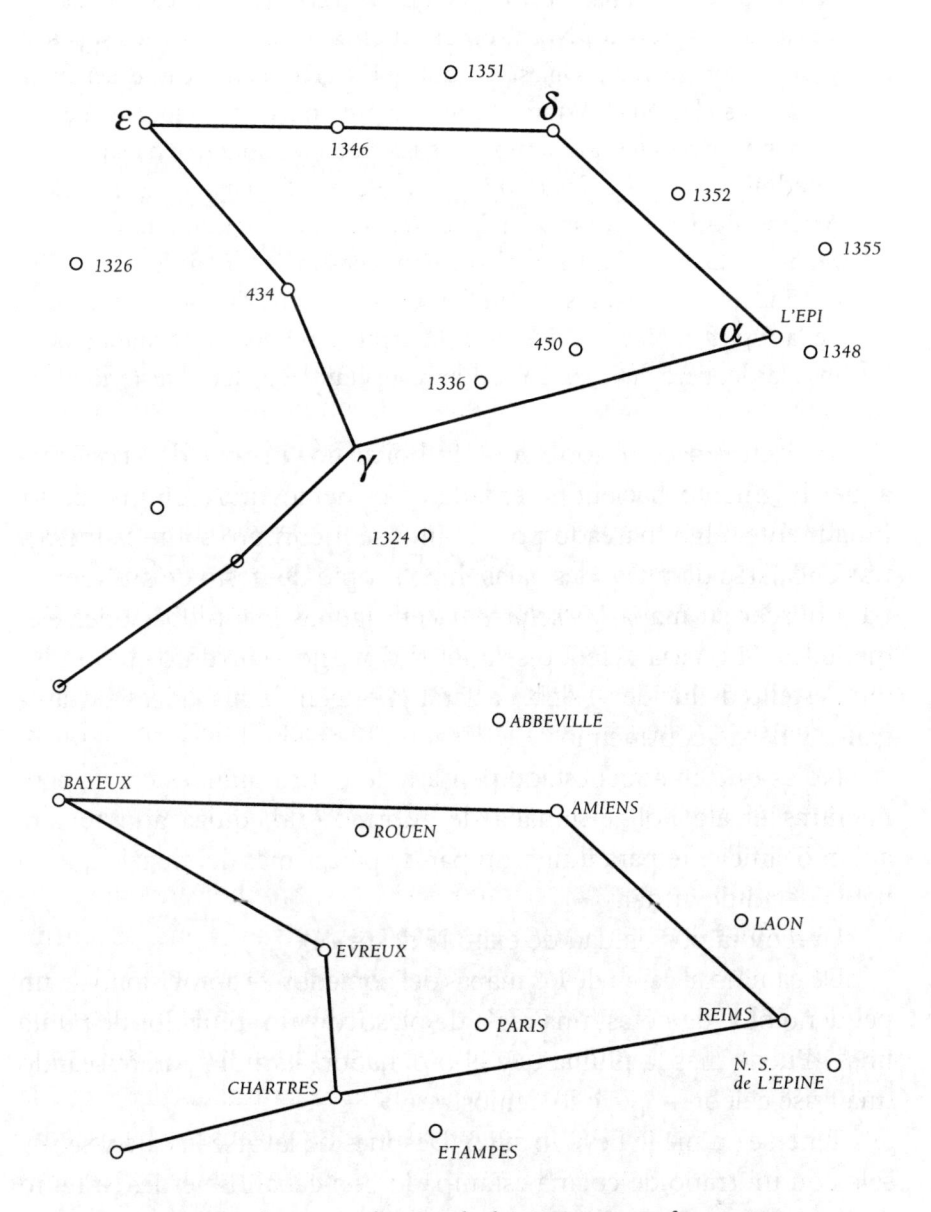

Esquema de Virgo y las catedrales Notre Dame francesas publicado por Louis Charpentier.

El texto adjunto no podía dejar las cosas más claras. Leyó:

> Existe, en lo que antaño fuera la Galia belga, en las antiguas provincias de Champaña, Picardía, Île-de-France y Neustria, cierto número de catedrales bajo la advocación de Nuestra Señora (las de los siglos XII y XIII). Ahora bien, esas iglesias trazan sobre el terreno, y casi exactamente, la constelación de Virgo tal como se presenta en el cielo. Si superponemos a las estrellas los nombres de las ciudades donde se hallaban esas catedrales, la *Espiga de la Virgen* sería Reims; *Gamma*, Chartres; *Zeta*, Amiens; *Épsilon*, Bayeaux... En las estrellas menores encontramos Évreux, Étampes, Laon, todas las ciudades con Nuestra Señora de la buena época. Encontramos asimismo, en la posición de una estrella menor, cerca de la *Espiga*, a Nuestra Señora de la Espina, que fue construida mucho más tarde, pero cuya construcción revela también algún misterio...

Témoin repasó absorto, quizás borracho, un par de veces más aquel fragmento haciendo verdaderos esfuerzos por comprenderlo. Finalmente, algo mareado por el vino, se incorporó sobre la mesa y tras encajarse de nuevo las gafas, hizo acopio del resto de sus fuerzas para buscar su mapa *Michelin* y hacer algunas comprobaciones elementales. Si quería defenderse ante el Consejo –barruntó en un último destello de lucidez–, debía aclarar el origen de sus «ideas extravagantes» desde el principio.

No es que en aquel estado pensara descubrir grandes cosas, pero mientras el alcohol terminaba de adormecerlo, quizá aún tuviera aplomo suficiente para juntar un par de piezas más del puzzle que ya había decidido armar.

La remota posibilidad de éxito le despejó.

De camino al cajón de los mapas del comedor, se aprovisionó de un pequeño bloc de notas, una regla de plástico y un rotulador de punta fina. «Puede más la pluma que el ordenador –farfulló parafraseando una frase célebre–, ¡y yo lo demostraré!»

Tenerse en pie le llevó lo suyo. Después de lavarse la cara y secársela con un trapo de cocina estampado con caballos verdes, intentó verificar si los datos de Charpentier y los astronómicos coincidían. Quería asegurarse de que el entramado de aquella historia era tal como empezaba a sospechar y que la relación entre catedrales y estrellas era más que circunstancial.

¿Correspondía cada catedral a una estrella de Virgo?

Y en ese caso, ¿se trataría de un paralelismo superficial, meramente geográfico, o escondería algo más?

¿Podría ese algo más aclarar las anomalías detectadas por el satélite?

Ayudado de un pequeño manual de astronomía que también había olvidado Letizia en casa, Témoin aún tuvo fuerzas para mantenerse despierto hasta bien entrada la tarde. El tiempo suficiente para terminar de elaborar dos tablas con las que empezar a trabajar, y que quedaron reflejadas en su bloc de notas de la siguiente manera:

CORRESPONDENCIA CON LAS ESTRELLAS MAYORES DE VIRGO
(según Louis Charpentier)

Catedral gótica	Fecha construcción	Estrella a la que corresponde
Chartres	1194	Gamma virginis (Porrima)
Reims	1211	Alfa virginis (Spica)
Bayeaux	1206	Épsilon virginis (Vendimiatrix)
Amiens	1220	Zeta virginis

CORRESPONDENCIA CON LAS ESTRELLAS MENORES DE VIRGO
(según Louis Charpentier)

Catedral gótica	Fecha construcción	Estrella a la que corresponde
Laon	1160	Virginis 1355
París	1163	Virginis 1336 (?)
		Virginis 490 (?)
Évreux	1248	Virginis 484
Etampes	?	Virginis 1324
Nª Sª de L'Epine	?	Virginis 1348
Abbeville	?	Virginis 1351

El esfuerzo mental de imponer orden en aquel aparente caos le dejó exhausto. Tanto que hasta que no repasó por enésima vez sus listas, no cayó en la cuenta de un detalle bien significativo: los templos supuestamente construidos para imitar las estrellas más importantes de Virgo comenzaron a levantarse, como poco, entre los años 1160 y 1248. Se trataba de un arco de tiempo de apenas 88 años que, aun así, estaba muy por encima de la esperanza media de vida en los siglos XII y XIII. ¿Qué quería decir eso? Muy fácil, que si alguna vez hubo un vasto plan constructivo de iglesias góticas consagradas a Nuestra Señora que se correspondieran con Virgo, la obra nunca pudo estar dirigida por una sola persona, sino, forzosamente, por un grupo de ellas, y más específicamente por tres o cuatro generaciones de Maestros. Pero ¿quiénes? Y sobre todo: ¿tenían éstos alguna noción de geomagnetismo que pudiese explicar lo que fotografió el satélite?

Michel, que comenzaba a pensar ya en círculos, garabateó junto a sus dos improvisadas tablas un último dato sacado del *Michelin*: la superficie total de la figura geométrica que delimitaban aquellos magníficos templos tenía, si el Beaujolais no le traicionaba, 210 por 160 kilómetros de lado. Es decir, unos 33.600 kilómetros cuadrados de área, o lo que es lo mismo, el equivalente a una pequeña provincia.

Se entusiasmó. Una planificación así sólo podía ser obra de unos gigantes intelectuales, capaces de orientar monumentos con decenas de kilómetros de separación entre sí. Si reunía pruebas suficientes, Monnerie lo comprendería.

—Está decidido. Mañana mismo saldré hacia Vézelay para reunir toda la información que pueda con el objeto de explicar qué pudo fallar en el satélite.

Hélène, su secretaria, percibió el deje alcohólico de Témoin al otro lado del teléfono.

—¿Está usted bien, señor?

—Perfectamente... —respondió—. Recoja todos los mensajes importantes durante mi ausencia y cancele mi agenda para esta semana. Ya la llamaré.

—Así lo haré, no se preocupe. ¿Y si el profesor Monnerie pregunta por usted?

—Dele largas.

El ingeniero, exhausto, soltó el inalámbrico junto al reposabrazos del sofá, dejándose arropar por su textura gruesa y cálida a la vez. Mientras una extraña mezcla de deseo de saber y de venganza se apoderaba de él, un agradable sopor comenzó a paralizar poco a poco todo su cuerpo. El Beaujolais, todos los franceses lo saben, nunca perdona.

CAPUT[1]

Chartres

Hasta bien entrada la hora sexta,[2] el abad de Claraval no despertó. El letargo que se había adueñado de él en la cripta le había dejado fuera de combate un buen rato. Felipe, el bien plantado escudero de Jean de Avallon, fue quien se hizo cargo desde el principio de su recuperación, y asistió como testigo privilegiado a los delirios del religioso. Discreto y tímido como era, le costó un esfuerzo notable entendérselas solo con el obispo Bertrand. Sin embargo, Felipe fue la única persona aquella mañana a la que el patriarca del burgo le describió los pormenores del episodio de la cripta y le pidió ayuda para reanimar al abad.

Todos estos raros privilegios fueron circunstanciales. Casualmente, su señor Jean se había ausentado de la plaza del mercado para gestionar el relevo de las caballerías, y aún tardaría un buen rato en saber lo del desmayo de Bernardo. Así pues, él era, a falta del caballero, el soldado responsable de la seguridad y bienestar del grupo de religiosos.

—No os preocupéis, eminencia —tranquilizó Felipe al obispo Bertrand en nombre del de Avallon—. El estricto régimen de nuestro reverendo padre y las severas penitencias que se inflige a diario, le hacen mella de vez en cuando. No es la primera vez que le ocurre algo

---

1. Del latín, «cabeza».
2. Mediodía.

semejante. Además –añadió con tino–, comprended que nuestro viaje hasta aquí ha sido largo y fatigoso, y la emoción de ver vuestra sagrada colina ha debido de ser muy intensa para él.

Bertrand aceptó complacido aquellas explicaciones en la medida en que le eximían de toda responsabilidad, y dio las pertinentes instrucciones a la comitiva para que los frailes se instalaran de inmediato en una casona cerca del palacio episcopal. El obispo fue enérgico al respecto: nada de lujos superfluos, pero ninguna privación tampoco. Después, pidió al joven Felipe que le avisara en cuanto el abad volviera en sí ya que, por lo que reconoció, aún tenían muchas cosas pendientes que parlamentar.

Felipe, disciplinado, besó el anillo del obispo y transmitió sus deseos a los «monjes blancos» en cuanto se reunió con ellos junto al Eure.

La habitación en la que finalmente se acomodó a fray Bernardo era una estancia amplia, con tejado de paja y suelo de ladrillo cocido, y presidida por un jergón grande apoyado directamente sobre el embaldosado. Desde su única ventana, orientada al este, se distinguían perfectamente las tejas de la iglesia del burgo y su macizo torreón de piedra caliza. Allí, pues, descansó Bernardo durante al menos un par de horas más. Tras ellas, con el rostro todavía rosado por tan improvisada siesta, hizo llamar a Jean de Avallon.

Fue fray Leopoldo quien lo encontró al fin.

—Quiero que averigüéis todo lo que esté en vuestra mano acerca de un cierto Pierre de Blanchefort –le ordenó Bernardo sereno, desde su lecho de reposo.

—¿Lo conocemos de algo, padre?

El caballero, al que fray Leopoldo había localizado en la fragua de un herrero al que llamaban Jacq, se rascó pensativo el cogote. Nunca, desde su regreso a Francia, había visto así de preocupado al sabio de Claraval.

—Lo único que sé es que Blanchefort fue maestro de obras del obispo Bertrand –aclaró–, y murió hace unos días, justo después de tener una visión extraordinaria en la capilla de la iglesia abacial donde hoy he perdido el conocimiento.

—¿Que vos habéis perdido…?

—Eso no importa ya, mi buen Jean de Avallon. Lo que os pido encarecidamente ahora, caballero, es que determinéis las causas exactas de la muerte de ese infeliz y me aclaréis qué vino a hacer aquí con el obispo.

—Eso quizá nos lleve algún tiempo, padre —gruñó el de Avallon.

—No importa. Disponed de los medios que estiméis necesarios para la tarea, pero cumplid con la misión que os encomiendo.

El caballero, con el manto recogido sobre su brazo izquierdo, se inclinó ceremoniosamente ante fray Bernardo, y sin darle la espalda, retrocedió hasta la puerta de la alcoba.

—¿Debo buscar algo en particular del maestro? —dijo antes de desaparecer tras la puerta.

—Ahora que lo decís, sí. Sería bueno que averiguarais si este Pierre de Blanchefort trajo consigo planos de cualquier clase en su equipaje. Quiero saberlo todo de su proyecto: los plazos que se había fijado para las obras, quién iba a financiarlas, en qué iban a consistir... ¡todo!

—Haré lo que pueda.

Jean se ajustó el yelmo de hierro sobre su cabeza y, tras renovar su compromiso de fidelidad al abad con un juramento mecánico y secreto aprendido en Jerusalén, abandonó la casona como alma que lleva el diablo. Iniciar una tarea como aquella, en una ciudad que no era la suya, no iba a ser precisamente tarea fácil. Los confidentes escaseaban y sabía lo venturoso que podría ser distinguir a los informadores sensatos de aquellos ávidos de complacer a cambio de unas monedas. Por eso, repasadas rápidamente las opciones, el caballero de los ojos verdes, el «Ignorante» de Tierra Santa, optó por la vía menos comprometida: si el tal Pierre de Blanchefort había muerto hacía apenas unos días, lo más sensato era echar un vistazo a su tumba.

Hasta Felipe le dio la razón.

El capellán de la iglesia de San Leopoldo, un viejo jorobado redimido de las herejías gnósticas que asediaban el sur del país por aquellas fechas, le explicó con todo lujo de detalles que al infeliz maestro de obras se le enterró en el cementerio adjunto a su parroquia hacía sólo dos días. «Vos mismo podréis comprobar que la fosa está aún fresca —le advirtió—. No os será difícil dar con ella sin mi compañía. Gracias a Dios no muere mucha gente de seguido por aquí.»

La siguiente información le costó una pieza de plata. El capellán, al principio algo remiso, terminó explicándole que Pierre de Blanchefort, en efecto, formaba parte de una cofradía de constructores creada en Marsella tras el glorioso regreso de algunos eminentes caballeros de la primera cruzada. Extrañamente obsesionados con la idea de las Madres Sagradas enterradas en tierras de druidas, el buen párroco le escribió cómo aquellos hombres iniciaron su ascenso por toda Francia proponiendo la remodelación de cuantas capillas, oratorios e iglesias veneraran a alguna de estas Madres. Los de su gremio no imponían condiciones demasiado gravosas a las parroquias, por lo que muchos fueron contratados rápidamente. Su beneficio, decían, era puramente espiritual. Les animaba la idea de que con sus obras conseguirían que la Tierra se pareciese cada vez más al Cielo. Sus proyectos estaban, pues, imbuidos de un espíritu maravilloso. De factura mucho más ligera que la de las iglesias precedentes, juraban que sus edificios eran capaces de elevar hasta el espíritu del más ruin de los mortales.

—¿Y sabéis cómo se llamaba el gremio al que perteneció Blanchefort?

La pregunta de Jean de Avallon sorprendió al capellán. Comprometido por el generoso pago de su interlocutor, éste admitió que, en realidad, había oído la filiación del Blanchefort decenas de veces durante su permanencia en Chartres, pero afirmó que no le había prestado atención alguna. La escuchó mientras conversaba con el obispo, incluso cuando el maestro dictaba sus cartas a un joven fraile que el capellán tenía a su servicio. La oyó decenas de veces, ¡pero no la recordaba!

Rascándose el mentón y entornando los ojos, el fraile trató de hacer memoria.

—Sé que empleaban un nombre común, un gremio... —dijo—. Herreros, panaderos, canteros... ¡No! Carpinteros. Eso es, se hacían llamar *Les charpentiers*.

—¿*Les charpentiers*? —murmuró el caballero—. ¿No os parece un título demasiado simple para un colectivo tan ambicioso?

—Sí, eso también me extrañó, pero ¡ya debéis saber lo raros que son los extranjeros!

—¿Extranjeros?

Aquello puso en guardia al de Avallon.

—Sí, claro. ¿No os lo dije? Pierre de Blanchefort no era de por aquí. Si queréis que os diga la verdad —susurró el capellán con gesto pícaro—, no me extrañaría nada si me dijerais que era un maldito converso. Vos sabéis: un hijo de Mahoma bautizado con las aguas de Nuestro Señor, y que debió querer salvar su vida abjurando de su fe.

—¿Y qué os hace pensar así?

—Lo cierto es que el color de su piel era oscuro, tenía los dientes muy blancos, sanos, y eso, señor, no es nada corriente entre cristianos viejos. Además, mientras estuvo con nuestro obispo no dejó ni un momento de hacer cuentas y cálculos utilizando números y dibujos que parecían obra del mismísimo diablo. Los pintaba en todas partes: en mesas, en la arena, en trozos de recibos... ¡qué sé yo!

La mirada extraviada del capellán de San Leopoldo hizo recelar al caballero. Ninguno de sus comentarios parecía más que un rumor, y sin embargo, aquellos sobre el origen musulmán del maestro le llamaron la atención. ¿Para qué iba a inventarse un detalle tan increíble? No es que fuera raro ver a algún árabe por aquellas latitudes, resultaba a todas luces imposible. Las campañas contra los seleúcidas de Turquía y los combates en el Mediterráneo por el control de las rutas a Palestina habían encendido las hostilidades entre árabes y cristianos a todos los niveles. El flujo de peregrinos cristianos por un lado, y de mercaderes árabes en sentido opuesto, se había visto diezmado desde el inicio de la cruzada y casi extinguido en cuestión de sólo cinco años.

Jean supo que no tenía elección.

Dispuesto a salir de dudas y satisfacer la curiosidad del abad de Claraval, terminó de despachar con el capellán y aguardó el momento preciso para acceder directamente al cadáver del maestro. Su lecho de muerte, tal como le fue anunciado, era distinguible perfectamente del resto de sepulturas. El montón de tierra fresca que cubría el cuerpo no había tenido tiempo de poblarse de malas hierbas, y su situación cercana a la pared oriental de la iglesia le protegía de los aires de la región.

Pero exhumar cadáveres era un delito. Peor aún, pecado, sino se observaban los requisitos mínimos que lo justificasen. Así que, tras consultarlo con el abad de Claraval aquella misma tarde, Jean decidió regresar de nuevo al cementerio bien entrada la noche.

Los camposantos cambian radicalmente de aspecto según las horas. Y aquél no era una excepción. Las cruces, columnas de piedra y lanzas clavadas para señalar el eterno descanso de los difuntos, formaban en la oscuridad un ejército hostil de guardianes inertes capaz de minar la serenidad de cualquiera. De día no son más que recordatorios para los vivos, pero a oscuras parecen siervos de los muertos.

Acompañado de Felipe –a quien había puesto en antecedentes de su conversación con el capellán–, y provistos de dos grandes palas, las sombras blanca y gris de los dos intrusos se deslizaron rápidamente entre las tumbas rumbo a su objetivo. Nadie les vio. Desprovistos de antorchas o de cualquier luz que pudiera delatarles, Jean de Avallon y su escudero no tardaron en plantarse frente a la tabla de madera que señalaba que lo que buscaban estaba allí, enterrado. Escrita en grandes letras de tiza, su inscripción era apenas visible bajo el tenue brillo de la luna menguante.

P. Blanchefort
magister comiciani[1]

–Aquí es –susurró Jean cuando sus ojos pudieron leerla–. Procedamos.

El primer golpe sonó seco. La punta metálica de su zapa se clavó en el terreno dejando un mordisco oscuro bajo sus botas. Uno tras otro, acompasados como las ruedas dentadas de un puente levadizo, sus garfios de hierro fueron destapando la fosa en la que esperaban encontrar el cadáver de Pierre de Blanchefort. Sólo cuando al sexto o séptimo golpe de pala la herramienta de Felipe se negó a avanzar tie-

---

1. Del latín, «maestro cantero».

rra adentro, tuvieron la desagradable certeza de haber alcanzado lo que buscaban.

El olor a tierra removida y a sudor frío se confundieron en ese momento. De rodillas, fueron repasando con las manos los contornos del bulto que acababan de tocar. Despejaron sus bordes tratando de no tocarlo demasiado, y cuando creyeron haberlo dejado al raso, se levantaron para contemplarlo mejor.

Allí estaba. Recién envuelto en un saco de tela rústica, el bulto de un hombre se adivinaba claramente. Con destreza, Felipe y Jean introdujeron de nuevo sus brazos por la parte anterior y posterior del cuerpo. Lo hicieron hasta el fondo, hasta sacar las manos por el lado opuesto, y tiraron de él con fuerza para depositarlo a un lado de la fosa poco profunda en la que había sido enterrado.

El saco estaba atado con cuatro tiras de cuerdas, que Felipe cortó con la navaja que llevaba encima. Tras deshacerlos con su filo, buscó afanosamente la abertura del envase y, con aquella misma hoja, rasgó de arriba abajo la tela. Aquello siseó como una serpiente.

—¿Qué pensáis encontrar, señor? —preguntó el escudero antes de separar la tela del saco y mostrar su macabro contenido.

—Respuestas.

—¿Lo abro entonces?

Jean asintió.

Felipe se santiguó antes de colocar sus manos a ambos lados de la tela rasgada y tirar de ellos con toda su fuerza. El efecto fue inmediato: un olor nauseabundo impregnó el ambiente dando paso a una visión espantosa. Con los brazos cruzados sobre el pecho y la cabeza cubierta por una capucha, el cadáver de Pierre de Blanchefort parecía esculpido en mármol. El escudero, inclinado sobre el fardo funerario, lo vio muy de cerca: sus manos níveas, sus uñas amoratadas y de bordes sucios, el rígido pecho del difunto... De no ser por el fétido hedor que desprendía, casi hubiera podido jurar que Pierre de Blanchefort sólo dormía.

El difunto vestía una túnica de lana marrón, coronada por una capucha que le cubría el rostro y un cierre con botones de hueso. Un cinturón de cuero con una hermosa hebilla brillante cerraba el conjunto, y sobre éste, las manos céreas de Pierre de Blanchefort, cruzadas sobre el pecho, sostenían algo metálico y grande que apretaba contra el tórax.

—¿Qué es eso? —murmuró De Avallon en cuanto sus ojos se acostumbraron a los contornos del fardo funerario y comenzó a distinguir sus detalles.

—¿Esto, señor?

Felipe tocó uno de los bordes del objeto, que parecía un grueso medallón de cobre. El caballero asintió.

—Tráemelo —dijo.

Haciendo de tripas corazón, Felipe acercó sus manos hasta el cuerpo y asiendo una esquina de aquello, que le pareció frío y liso, tiró con fuerza. El cadáver se sacudió. No es que Felipe fuera un hombre asustadizo, o le preocupara lo que su señor pensara de él, pero sentir que aquel cuerpo se estremecía bajo sus manos le hizo soltar una risilla nerviosa.

Cuando finalmente tuvo el medallón entre las manos y se cercioró de que no era nada que hubiera visto antes, lo tendió a su señor. Parecía un amuleto, una máquina con ruedas dentadas tal vez, y mostraba ciertas filigranas a su alrededor absolutamente incomprensibles.

Mirándolo mejor, se trataba de dos circunferencias planas de cobre unidas por un mismo eje. La mayor, con un borde más grueso lleno de símbolos en bajorrelieve que se deslizaron suavemente bajo los dedos de Jean de Avallon, oscilaba con facilidad en ambos sentidos. La menor, clavada en el centro de la primera, permitía giros excéntricos sobre el plano de la circunferencia mayor.

—¿Qué es, señor?

Jean de Avallon guardó silencio un instante antes de responder.

—Creo que es un astrolabio.

—¿Un astrolabio?

—Se trata de un ingenio árabe que vi manejar por primera vez en Jerusalén. Sólo tuve uno en las manos durante todo el tiempo que estuve allí, y sé que lo usaban los astrónomos musulmanes para determinar la posición de las estrellas con respecto a la esfera terrestre.

—¿Y para qué lo querría un maestro de obras?

—No, Felipe —le atajó—. La pregunta es: ¿para qué lo querría un *charpentier*?

—¿Vos lo sabéis?

Jean, sacudiéndose el polvo de su hábito de franela, sonrió. Era la primera vez que lo hacía desde que entraran en el cementerio y sus dientes brillaron en la oscuridad.

—¡Creo que acabo de comprenderlo! —exclamó—. Está delante de nuestras narices: Jesús de Nazaret fue un *charpentier*, hijo de carpintero y carpintero él mismo durante su adolescencia, ¡y nació en una gruta marcada por una estrella!

—Explicaos, señor.

—Es fácil: aquel que se considere heredero de su saber, los nuevos *charpentiers*, utilizarán el astrolabio para marcar las nuevas «grutas» sobre las que construir sus templos. ¿No lo comprendéis? ¡Pierre de Blanchefort vino a Chartres a estudiar la cripta de la iglesia abacial! ¡Una gruta! Y utilizó el astrolabio para guiarse por las estrellas para llegar aquí.

—No entiendo.

Felipe trató de aclararse las ideas, pero su señor le atajó en seco.

—Pronto lo comprenderéis —dijo—. Debemos explicarle esto al abad cuanto antes.

Con el astrolabio en la mano, Jean de Avallon echó un último vistazo a los despojos que tenían a sus pies. No parecía haberse inhumado el cuerpo con ninguna otra pertenencia. Eso, ciertamente, era raro. Ni una cuerda o compás, ni siquiera una maza o un cincel. En aquella tumba no había ni rastro de herramientas propias de un constructor. Sea como fuere, lo cierto es que daba la impresión de que aquel enterramiento había sido provisional, como si sus sepultureros pretendieran desenterrarlo rápidamente y trasladar los restos a otro lugar en cuanto fuera posible. ¿Iban a ser otros *charpentiers* quienes se harían cargo de ello? Y si así fuera, ¿no sería un buen camino para resolver esta muerte aguardar a su llegada y preguntarles qué enemigo podría haber deseado la muerte de uno de los suyos?

Conmovido por lo implacable que es la Dama de la Guadaña, por lo rápido que la carne se convierte en polvo, Jean de Avallon se santiguó antes de retirar la capucha al difunto. Quería ver la cara de aquel que pretendía reformar Chartres con un instrumento tan peculiar.

Felipe fue el primero en saltar.

—¡Santo Dios! —gritó asustado—. ¡Mirad, señor! ¡Le falta…!

El caballero, atónito, volvió a persignarse. Aunque creía haber descubierto las piezas de un enigma que placería escuchar a fray Bernardo, nunca se hubiera imaginado aquello.

—Sí —murmuró—. Le falta la cabeza. —Y añadió—: Este hombre no ha muerto de fiebres. Ha sido ajusticiado.

HIRAM

El obispo Bertrand taconeó un par de veces más al pasar delante de la estilizada silueta de fray Bernardo antes de articular palabra. Agitaba nerviosamente las manos, yendo de una esquina a otra de su salón, como si así pudiera espantar los nubarrones que se cernían sobre la cátedra que regentaba.

—También pudieron haberle arrancado la cabeza después de muerto, ¿no es cierto, mi buen abad?

El tono de desesperación del prelado no conmovió el rostro severo de Bernardo. Éste ni siquiera respondió.

Al pedir audiencia al obispo, lo único que el abad de Claraval deseaba era clarificar si aquella mutilación había tenido que ver o no con sus visiones en la cripta y con aquel extraño relato del rapto del ángel. Si era como se temía, el descubrimiento de Jean de Avallon no podía ser sino otra «señal» que anunciaba que el tiempo estaba cerca, que debía darse prisa en traer hasta Chartres la «llave».

—Vuestra paternidad me perdone, fray Bernardo —insistió Bertrand—, pero aunque haya sido vuestro caballero el que ha descubierto el cuerpo mutilado de Blanchefort, éste es un asunto que no os incumbe directamente. Sois mi huésped, y la facultad de administrar justicia recae únicamente sobre el alguacil y sobre mí. —Y tosiendo ásperamente, como si en ello se le fuera el alma, añadió—: Además, hasta que no encontremos la cabeza no podremos acusar a nadie de profanador.

Bernardo, de pie, no titubeó.

—Os recuerdo que vos fuisteis quien solicitasteis mi ayuda nada más llegar aquí.

—Lo sé. Pero no me refería a una cabeza desaparecida, sino a que me ayudaseis a aclarar la causa de la muerte del maestro de obras.

—Creo que ambas cosas están estrechamente relacionadas —dijo Bernardo—. No pretendo ser descabellado, pero que le falte la cabeza a quien iba a construir el nuevo templo me parece una extraña coincidencia.

—¿Coincidencia? ¿A qué os referís?

—¿Recordáis lo que os conté en la cripta sobre los planos del templo perfecto y el modo en que se recibieron en tiempos bíblicos?

El obispo asintió.

—Pues bien, aquellos planos que el patriarca Enoc obtuvo del ángel Pavvel y que él mismo grabó sobre tablas imperecederas, terminaron en tiempos de Salomón en manos de un arquitecto extranjero, de Tiro para ser precisos, a quien llamaban Hiram. El tal Hiram estudió aquellos planos que contenían el orden divino y cuando alguien intentó robárselos, fue asesinado. ¿Sabe cómo? Le arrancaron la cabeza.

—Pero Pierre de Blanchefort no...

—No sé si estáis al corriente de que vuestro arquitecto pertenecía a un gremio de iniciados que llevan un tiempo experimentando con una nueva clase de arquitectura en toda Francia —le atajó Bernardo—. Pierre, como otros, accedió a algún saber superior, muy elevado, que intentaba poner en práctica precisamente aquí, atraído sabe Dios por qué. Y alguien, consciente de que disponía de ese nuevo saber, ha querido arrebatárselo por la fuerza. La pregunta es quién.

Bernardo dio un par de pasos hasta la mesa del abad, sacándose de entre los pliegues de sus hábitos blancos un pedazo de piedra verdusca, plana por ambos lados y de poco grosor, con una serie de trazados geométricos impresos por ambos lados. Con ceremoniosidad, depositó aquella piedra sobre la mesa y aguardó. El obispo, atónito, tomó la tablilla entre sus manos y tras sopesarla y admirar sus inscripciones sin comprenderlas, interrogó con la mirada al abad.

Bernardo se complació.

—Así es, eminencia —susurró—. Eso que tenéis en vuestras manos forma parte de los planos de Hiram, el fenicio. Es uno de los libros que copió Enoc durante su estancia en los cielos, y que Pierre de Blanchefort consultó antes de venir a veros.

—¿Y vos cómo...? —tartamudeó el obispo.

—¿Cómo lo tengo? —le atajó—. Muy fácil, hermano. Porque hemos rescatado ese secreto de Tierra Santa. Quizás no sepáis que dentro de la cruzada hubo otra cruzada, con una misión más sagrada aún que la de recuperar el Santo Sepulcro. Debíamos rescatar ese fragmento de enseñanza divina, que Dios mostró a Enoc y que los musulmanes protegían con celo desde hacía mucho tiempo. Sin embargo, legítimamente, ese saber no era de ellos. Mucho antes de que naciera Mahoma y aún Nuestro Señor, los dioses egipcios habían mostrado esas mismas tablas del saber a unos pocos elegidos de su pueblo.

—¿Los dioses egipcios?

Bernardo asintió.

—Allá, otro arquitecto, uno al que en Alejandría venerarían como un dios hasta la llegada de los primeros cristianos, uno al que llamaban Imhotep, recibió unas tablas verdes con la sabiduría necesaria para edificar las pirámides. Con el tiempo, la leyenda terminaría convirtiendo aquellas tablas en el *Libro Esmeralda* de Hermes, que no fue otro que el dios Toth divinizado y llamado «el tres veces grande» para diferenciarlo del Hermes griego.

—Eso es idolatría, abad.

El obispo Bertrand sacudió la cabeza sin comprender algo que chocaba con su rígida formación eclesiástica.

—¿Y Blanchefort? ¿Cómo pudo él...?

—Pierre de Blanchefort —respondió Bernardo— había sido iniciado en ese secreto y era uno de los últimos lectores de las tablas. Llegó aquí tras iniciarse en Vézelay, en nuestra escuela de copistas, donde obtuvo la información necesaria para haceros una propuesta innovadora de acuerdo a un plan magistral divino. Al rechazarla, sin duda despertasteis la codicia de algún enemigo, que decidió acabar con su vida al saber que la Iglesia no protegería su plan. Imaginaos lo que supuso para mí saber de su muerte.

—¿Y por qué no me dijisteis antes que conocíais al maestro Pierre?

—¿De qué os hubiera servido? Ni mis monjes, ni el caballero que me acompaña, saben de ello. Si os lo revelo a vos es porque deseo que seáis consciente de que ahora más que nunca debemos emprender las obras de reforma de la iglesia y frustrar los planes del enemigo que nos ronda. Quizá ninguno de los dos veamos empezar la obra, pero debemos disponerlo todo con tiento.

–¿Y ese enemigo que hizo desaparecer a Blanchefort varios días de la cripta? ¿Qué sabemos de él?

–Si es lo que me temo, eminencia, ese enemigo no es de carne y hueso, ni siquiera es de este mundo. Y esta es su manera de decirnos que no desea que construyamos sobre una tierra que hoy domina.

–¿Podemos hacer algo?

La mirada de pez del obispo se llenó de un terror mal disimulado. Sabía que hablar de un enemigo que no era de este mundo sólo podía referirse al peor de los adversarios posibles. Al Mal en persona.

Fray Bernardo, sereno, sabía qué hacer: ordenar que los planos divinos de Enoc avanzaran hacia Chartres para poner en marcha su plan. Y esos planos, Dios lo sabe bien, debían llegar sin levantar las sospechas de su poderoso oponente.

Desde que salieron de Egipto, éste no había podido hacerse con ellos y destruirlos, pero sabía que lo intentaría a toda costa.

ROGELIO

Monasterio de Santa Catalina (Egipto), en la actualidad

El icono de «mensaje entrante» se iluminó en la pantalla fosforescente del hermano Rogelio a eso de las siete de la tarde, hora egipcia. Desde que los técnicos de IBM viajaran expresamente hasta aquel desolado paraje donde dicen que creció la zarza ardiente que vio Moisés durante el Éxodo, y remontaran cargados de ordenadores los tres mil escalones tallados en roca viva que desembocan en su Santa Casa, el monasterio activo más antiguo del mundo se había convertido también en uno de los mejor informados del planeta.

Rogelio, un varón de tez oscura, barbas acabadas en punta y nariz afilada, era sin duda el artífice del milagro. En enero de 1999 consiguió que lo aceptaran en la comunidad junto a su equipo de cuatro «ciberfrailes», y pocos meses después obtenía de la *Santa Epistasia* —una especie de Vaticano ortodoxo— los fondos necesarios para la adquisición de las computadoras. Ahora las había en todas partes: en el refectorio, en la cocina y, claro está, en la preciosa biblioteca del monasterio.

Aunque su función no era, ciertamente, la de estar pendiente del correo entrante, Rogelio abrió de un golpe de ratón el buzón electrónico, cerciorándose de que el mensaje recién llegado estaba dirigido a alguno de los cuarenta religiosos del lugar. Aquella era la vigésima comunicación de la tarde, así que, sin prestarle demasiada atención, hizo clic en el botón de la impresora y aguardó.

La máquina emitió un gruñido familiar.

Una vez en papel reciclado, Rogelio tomó los nueve folios expelidos por la bandeja de la Hewlett Packard y enfiló el camino más corto hacia la sacristía. El destinatario justificaba el paseo. Si sus cálculos no fallaban, el obispo Teodoro debía encontrarse a esa hora en la iglesia de la Transfiguración, el *Katholikón* del lugar, a punto de terminar la última misa del día.

Acertó. El patriarca estaba ya fuera del altar, recogiendo sus enseres y ordenándolos en la habitación contigua a los frescos de San Cipriano del templo. Lucía su habitual porte sereno, como si viviera en un mundo donde todo iba bien y nada escapara al sabio control de Dios.

—Hermosa jornada, ¿verdad, hermano Rogelio?

La amable sonrisa del obispo, apenas visible tras sus pobladas barbas blancas, recibió al monje entre los extáticos efluvios del incienso de sándalo.

—¿Estuviste en misa?

Rogelio meneó la cabeza.

—Vaya, ¿tan pronto te has cansado de cumplir con las obligaciones de nuestra Casa? —la franqueza del obispo Teodoro desarmó al monje. En realidad, bromeaba. Le encantaba hacerlo con los recién llegados o con los monjes de su absoluta confianza; Rogelio pertenecía al segundo grupo—. Ya sé que el ritmo aquí es más lento que en Tesalónica o en París, pero te acostumbrarás. Incluso es posible que descubras que los ordenadores no lo son todo en los días que corren. Por otra parte, ¡Virgen Santa! ¡Dichoso tú que has visto tanto mundo antes de recluirte aquí!

—Sólo llevo un año, eminencia. Aún no puedo quejarme.

—Claro, claro —sonrió de nuevo el obispo—. Déjame quitarme esto antes de atenderte.

La casulla de pedrería con la que había oficiado el rito —una pieza de valor incalculable del siglo XIV—, cayó suavemente sobre un rústico sillón de felpa que desentonaba aún más que las computadoras entre tanto icono cuajado de pan de oro.

—Me traes algo, por supuesto.

El obispo no preguntó. Afirmó.

—Sí. Esto acaba de llegar para vuestra eminencia —reaccionó Rogelio, extendiéndole las páginas que traía bajo el brazo—. Está en francés. Si lo desea, yo puedo...

—¡Ah! Soy capaz de leerlo perfectamente. Aprendí francés traduciendo las cartas de cruzados que tenemos en los archivos. Tal vez sea un francés algo anticuado, pero servirá.

Rogelio enrojeció.

No pretendía subestimar al obispo. En realidad, le hacía gracia que Teodoro, un sesentón de aspecto corpulento enfundado en sus sobrios hábitos ortodoxos, llevara casi toda su vida confinado entre aquellos muros y tuviera una visión tan universal de todo. Santa Catalina era para un hombre de su especie algo así como el *axis mundi* del saber y, desde luego, la mejor escuela de idiomas imaginable. Copto, hebreo, griego clásico, latín, arameo, turco, árabe... Textos de todas las clases seguían estudiándose en aquel templo igual que hacía diez siglos. Quizá por eso, cada vez que caía en manos del patriarca un pedazo de papel, aunque fuera uno recién regurgitado por cualquiera de los nuevos IBM de la sala de ordenadores, lo estudiaba con infinita delicadeza. Casi como si fuera un ejemplar único.

Y aquel e-mail no fue una excepción. Lo tomó sólo con dos dedos y comenzó a leerlo sin darse tiempo a despedir al hermano Rogelio. De hecho, al venerable Teodoro le bastó leer la primera línea —donde dice «asunto»— para mudar repentinamente su gesto beatífico.

—Pero ¿qué significa?

Y siguió leyendo.

—¿Lo acabáis de recibir? —preguntó.

—Hace unos minutos.

—¿Y no ha pasado por las manos de nadie?

—Sólo las mías, eminencia.

Por cosas del respeto debido, Rogelio aguardó de pie a que terminara de leer, fingiendo desinterés. Aparentó meditar frente a un crucifijo de bronce plantado en el centro de la enorme mesa que presidía la sacristía, mientras el obispo comenzaba a dar vueltas y más vueltas a su alrededor, como si orbitara en torno al monje.

—Y bien —finalmente, Teodoro clavó sus ojos de color Egeo en Rogelio, como si quisiera arrancarle una confesión—, ¿no sabes de qué se trata?

—No, eminencia. No lo he leído.

—¿Y no sientes curiosidad?

—Sí... claro.

—¿Crees en las profecías? ¿Que existen personas que, en determinadas circunstancias, son iluminadas por Dios Nuestro Señor y se muestran capaces de vislumbrar el futuro?

Extraña pregunta, pensó el monje.

—Creo, eminencia —respondió al fin—. Nuestra Biblia habla mucho de ellos.

—Y también de las señales que precederán al Juicio Final...

—Así es —tembló.

—Pues ésta, hermano, es una de ellas.

Teodoro blandió amenazadoramente los folios en el aire, agitándolos como si fueran parte de un abanico. El hermano Rogelio, impresionado por la certeza del patriarca, todavía pudo reunir saliva para preguntar algo más.

—¿Puede decirme de qué se trata, eminencia?

—No, si antes no traes contigo al hermano Basilio —replicó—. Necesito que él también escuche lo que voy a decir.

El monje, mudo de asombro, no lo dudó. Inclinó la cabeza en señal de sumisión absoluta y desapareció corriendo hacia el edificio de los libros.

Basilio era el sabio por excelencia de Santa Catalina. Siendo el mayor de todos los religiosos del lugar, ya con la espalda corva y sin cabellos que poder esconder bajo su cofia negra, el buen hombre llevaba más de cinco décadas ejerciendo como máximo responsable de la biblioteca. A él se le debía, por ejemplo, el último inventario de volúmenes de 1989, la decisión de prohibir absolutamente la entrada a turistas y curiosos a sus salas de lectura, y la responsabilidad de velar por la preservación de la colección de manuscritos más importante del mundo después de la del Vaticano.

Vivía enclaustrado entre pilas de volúmenes que casi tocaban al techo, justo en el lado opuesto del perímetro del convento. Apenas salía para atender los oficios religiosos más importantes y su aislamiento voluntario le había hecho ganarse una merecida fama de asceta arisco e iluminado. Rogelio, pues, no tuvo demasiadas dificultades en localizarlo en su *scriptorium* y en sentarlo frente al obispo en cuestión de minutos.

—Es de vital importancia que me acompañe —le aseguró.

JUAN DE JERUSALÉN

A esas horas, los cielos del Sinaí se habían teñido ya de rojo y el escaso horizonte visible intramuros había dejado de temblar bajo el efecto del sofocante calor de la jornada. Al llegar al *Katholikón*, Teodoro aguardaba impaciente.

—¿Recordáis el manuscrito de Juan de Jerusalén, hermano Basilio?

Aquella pregunta a bocajarro dejó lívido al bibliotecario. La máxima autoridad de la diócesis más pequeña del mundo se dirigió al anciano en tono respetuoso.

—Os referís sin duda al autor de *El Protocolo*.

—En efecto —el patriarca asintió—, de *El Protocolo secreto de las profecías*.[1] ¿A quién si no?

—Ya nadie habla de él, eminencia.

—Yo sí. Y tengo buenas razones para creer que el espíritu de Juan de Jerusalén está a punto de regresar entre nosotros.

—¿Regresar?

Basilio resopló ante la cara de circunstancias de Rogelio, que parecía no entender nada de aquel cruce de palabras.

—Lo poco que sé de ese manuscrito —prosiguió el obispo— es que en la biblioteca custodiamos una de las seis únicas copias que existen de

---

1. No debe confundirse a este Juan de Jerusalén con el rey francés del mismo nombre, que en 1210 se proclamó soberano de Tierra Santa hasta 1225. Cuando el futuro rey nace en 1148, el Juan al que se refiere este relato está ya muerto. La precisión es importante, pues casi todos los textos históricos que se refieren a Juan de Jerusalén lo harán al monarca y no al templario que nos ocupa.

él. La tradición dice que fue escrito por Juan de Jerusalén en persona que es, a su vez, uno de los ocho fundadores de la Orden del Temple. Muchos creemos todavía, como sabrá, que alguien muy cercano a él lo robó antes de que muriera y lo escondió en este monasterio hacia 1120.

—¿Y lo habéis leído?

—Contiene visiones terribles y precisas de la situación del mundo antes del año 2000 y aún de después. No obstante, nuestra copia viene precedida de una advertencia clara: hasta el «día de la señal» nadie comprenderá totalmente el sentido global de la obra.

—Ya sabéis mucho, eminencia —dijo Basilio—. Todo lo que afirmáis es correcto.

—Pero las dudas del apóstol Tomás inundan mi corazón, hermano. ¿Sabemos acaso cuál será la señal a la que se refiere el texto?

—No exactamente.

—¿Ni cuándo llegará?

—Tampoco.

Las preguntas del obispo no sorprendieron al bibliotecario, que se apresuró a matizar su respuesta.

—Juan de Jerusalén, querido Teodoro, escondió una clave para descifrar ese misterio en el capítulo 34 de sus profecías, aunque dudo mucho que sea algo que pueda descifrarse a la ligera.

—Ya, ya —sacudió sus barbas Teodoro, haciendo aspavientos con los brazos—. ¿Y recuerda lo que dice ese capítulo?

Basilio dudó un segundo antes de cerrar los ojos en señal de asentimiento. Después, sin dejar que el obispo o el joven monje le interrumpieran, juntó lentamente las manos frente a su barbilla despejada y comenzó a susurrar una retahíla de extraños versos en francés, pronunciados con acusado acento copto.

Ambos se miraron sorprendidos ante la prodigiosa memoria del anciano bibliotecario.

Lorsque ce sera le plein de l'An
Mille qui vient après l'An Mille
L'homme saura quel est l'esprit
de toute chose.

> *La pierre ou l'eau, le corps de*
> *l'animal ou le regard de l'autre.*
> *Il aura percé les secrets que les*
> *Dieux anciens possédaient*
> *Et il poussera porte après porte*
> *dans le labyrinthe de la vie*
> *nouvelle.*[1]

Un denso silencio rodeó a los tres hombres en cuanto el hermano Basilio terminó de recitar. La sacristía permaneció muda durante unos segundos, los suficientes para que el hermano bibliotecario apartara su gesto orante del rostro y cayera de rodillas frente al patriarca.

—Ya no recuerdo más, eminencia. Lo siento —se excusó.
—No importa; levantaos. Es lo que pensaba.
—¿Lo que pensaba? ¿Qué quiere decir?

Rogelio, al ver el rostro grave de los dos ancianos, no pudo morderse por más tiempo la lengua.

—¡Ah! ¡Mi buen Rogelio! Os he convocado a ambos porque creo que la señal está en el mensaje que me has traído —exclamó el obispo—. Y es una señal acorde con los tiempos, que sólo tú, entre todos los monjes de nuestra comunidad, estás preparado para valorar.

—No comprendo.

—Ayer, un satélite especializado en cartografía terrestre detectó varias emisiones no identificadas de lo que parecen haces de microondas de alta resolución lanzadas al espacio desde diferentes puntos de Francia —leyó.

—Sigo sin entender qué...

—Todo indica —prosiguió Teodoro— que esos puntos se corresponden con exactitud a importantes catedrales y centros ceremoniales católicos, construidos durante el siglo XII, en la época de Juan de Jeru-

---

1. Llegados plenamente al año/ mil que sigue al año mil,/ El hombre conocerá el espíritu/ de todas las cosas,/ La piedra o el agua, el cuerpo/ del animal o la mirada del otro;/ Habrá penetrado los secretos/ que los dioses antiguos poseían/ Y empujará una puerta tras/ otra en el laberinto de la vida/ nueva.

salén. Lo verdaderamente extraordinario es que el satélite no ha podido captar la forma de las catedrales, sino poderosas siluetas radiantes en su lugar.

—¡Teodoro! —exclamó el anciano Basilio alzando los brazos; nunca le habían visto así—. ¡Las puertas se abren! «El hombre empujará una puerta tras otra.» ¿No lo comprendéis?

Rogelio los miró desconcertado.

—Eso parece —aceptó el obispo sin perder de vista al joven monje, que se frotaba los ojos con los puños como si pudiera así afinar sus entendederas—. Por lo poco que sabemos, el caballero Juan fue iniciado en un secreto peculiar del que venimos oyendo hablar hace siglos en nuestra orden, pero del que nadie todavía nos ha ofrecido evidencias concretas.

—Un secreto, ¿qué secreto?

—Al parecer, Juan y los otros ocho soldados que fundaron los Pobres Caballeros de Cristo, germen de los posteriores templarios, fueron puestos al corriente de la ubicación exacta de ciertos enclaves en los que era posible ascender al reino de los cielos sin perder el cuerpo físico, y regresar después embebido de una sabiduría infinita. Puertas al cielo, en definitiva.

Tras una breve pausa, el obispo continuó:

—Después de recibir ese conocimiento, la máxima obsesión de aquellos caballeros fue conquistar tales reductos y sellar definitivamente las «puertas» para que nadie inapropiado pudiera acceder por ellas a saberes que no le correspondían.

—Y se acuñaron leyendas terribles para protegerlas —apostilló Basilio.

—No les fue difícil —remató Teodoro—. A fin de cuentas la historia no era nueva. ¿Acaso no fue la ingestión del fruto del árbol de la ciencia, del bien y del mal, lo que condenó a los hombres a su condición de mortales? Aquellas puertas, nueva versión de la manzana maldita, sólo podrían haber sido puestas en la Tierra por Lucifer en persona, y había que sellarlas y vigilarlas.

—Como hicieron los yezidíes.

—¿Los yezidíes? —los ojos de Rogelio casi se le salían de las órbitas—. Lo siento, yo no...

Teodoro le sonrió como si se apiadara de la ignorancia de su joven monje.

—Los yezidíes son una escisión del islam surgida al amparo de un califa del siglo once llamado Yezid —se explicó—. Hoy viven confinados en el norte de Irak, en la zona kurda, y profesan una religión en la que conceden mayor poder al príncipe del mal que al del bien. Si hemos de creer en sus tradiciones, ellos también fueron iniciados en un secreto similar al de los templarios aproximadamente en las mismas fechas.

—Entonces, ¿también conocen las «puertas»? —murmuró el hermano Rogelio espantado.

—*Otras* puertas —le atajó Basilio, cogiéndole de una mano—. Para los yezidíes se trata de lugares instaurados por Lucifer para extender desde ellos su poder entre los hombres. Están marcados por siete torres distribuidas por todo el mundo, que imitan la forma de la Osa Mayor.[1]

—Es como un reflejo especular de la creación. Lo de arriba es lo divino; su proyección inversa, abajo, corresponde a lo maligno.

—Y esa proyección, ¿también es aplicable a las catedrales francesas?

—Naturalmente, hermano —el tono del bibliotecario se hizo más paternalista que nunca—. Los «secretos de los antiguos dioses» a los que alude Juan tienen que ver con ese saber. En cada rincón del mundo se erigieron puertas imitando constelaciones del firmamento. Su uso fue olvidado por todos, salvo por unos pocos que preservaron ese conocimiento. En Francia, por ejemplo, la constelación regente es la de Virgo y ése es el patrón que imitan sus catedrales dedicadas a la Virgen.

—El mensaje dice algo más.

La silueta oblonga del patriarca se balanceó suavemente hacia el incensario de plata que colgaba junto a la puerta de la sacristía. Tras cargarlo, y sin añadir ni una palabra a su último comentario, giró

---

1. Según esta leyenda, recogida por el historiador francés Michel Lamy en su libro *La otra historia de los templarios* (Martínez Roca, 1999), esas torres se encontrarían distribuidas en los actuales territorios de Irak, Níger, Siberia, Siria, Sudán, Turkestán y los Urales.

sobre sus talones adoptando un gesto severo. Ni la barba pudo disimularlo.

—Uno de los ingenieros del Centro Nacional de Estudios Espaciales francés que diseñó el satélite que ha descubierto la orientación de las «puertas» parece que está dispuesto a llegar al fondo del asunto. No sé si comprenden la gravedad de lo que les digo: revelar este secreto al mundo en estos momentos equivale a convertir las puertas en focos de investigación científica. ¡Sería como si Lucifer colocara la manzana del árbol de la ciencia otra vez frente a nosotros para pecar!

—¿Y qué podemos hacer?

—Para eso te necesito, hermano Rogelio. Partirás mañana mismo hacia Lyon, y desde allí seguirás de cerca las actividades de este ingeniero. Según este informe —el obispo volvió a señalar el mensaje electrónico—, se dispone a viajar a Vézelay para iniciar su investigación.

Teodoro abrió los ojos de par en par, como si algún detalle de aquel mensaje le hubiera pasado por alto.

—Claro, ¡Vézelay!

—Eminencia, ¿qué tiene de particular ese lugar?

—Allí fue donde nació Juan de Jerusalén.

LETIZIA

Un escalofrío recorrió la columna vertebral de Michel nada más terminar de marcar los diez dígitos del teléfono móvil de Letizia. Nunca la había llamado a ese número pero, contra toda sana lógica, se lo sabía de memoria. Mientras el auricular crujía tratando de encontrar línea, una extraña inquietud se iba apoderando de él. Era ridículo. Aunque hacía ya tiempo que había salido de su vida, era evidente que aquella mujer de profundos ojos azules seguía cautivándole, provocándole sensaciones contradictorias y, por encima de todo, estremeciéndole hasta la médula sólo con su recuerdo.

—¿Diga? ¿Quién es?

Una voz suave sobresaltó al ingeniero.

—Letizia, soy Michel... ¿Te acuerdas? —vaciló.

—¿Michel?

—Michel Témoin...

—¡Michel! —exclamó por fin—. Perdóname, pero no esperaba tu llamada. ¡Cuánto tiempo sin saber nada de ti!

—Soy yo quien debe disculparse por llamarte a este número.

—En absoluto. Dime, ¿ocurre algo?

—Bueno... He pensado que como voy a pasar cerca de Orléans en unos pocos días, tal vez podamos buscar un hueco para tomar un café y charlar. Me gustaría comentarte un par de cosas, en las que quizá podrías echarme una mano.

—¿Trabajo?

—Algo así.

—Ya veo —suspiró—. No cambiarás nunca, ¿verdad?

Letizia había abandonado Toulouse al poco de encontrar a su nuevo novio, instalándose después en la ciudad natal de Juana de Arco, al otro extremo del país. Siempre echó la culpa de la ruptura a la obsesiva manera que Michel tenía de llevar sus asuntos laborales, arrinconando todo lo que fuera personal o familiar a un segundo plano. En realidad, su drástica decisión de poner kilómetros de por medio les había venido bien a los dos, sobre todo al ingeniero, que no hubiera podido soportar encontrarse a su mujer en brazos de otro en cualquiera de los parques junto al río Ariège.

–¿Y bien? ¿De qué se trata esta vez? –preguntó Letizia suspicaz.

–Aunque te parezca raro, debo visitar varias catedrales góticas para completar un informe que estoy preparando para el CNES, y me gustaría poder consultarte algunos detalles de tipo arquitectónico. Tú eres historiadora, y ya sabes que siempre me he encontrado un poco perdido en ese terreno. Además, necesito alguien de confianza y, claro, pensé en ti.

–¿Tú? ¿De catedrales? –Letizia rompió a reír de esa manera que sólo había escuchado en ella–. Pues claro que te ayudaré. Eso no puedo perdérmelo. ¿Y adónde piensas ir primero?

–A Vézelay. Te estoy llamando desde una gasolinera, en la nacional 951. Creo que llegaré allí dentro de media hora o así.

–¡Vézelay! Lo conozco bien. Marcel tiene una casita muy cerca de allí, en Tharot. Era de sus padres, y vamos bastante a esa zona los fines de semana. Es una región preciosa. Te gustará. Pero allí... –añadió un tanto extrañada–, allí no hay ninguna catedral.

Un retortijón en el estómago hizo apretar los dientes al ingeniero cuando escuchó el nombre de Marcel. Evidentemente, todavía seguía con aquel técnico del tres al cuarto.

–Sé que Vézelay no tiene catedral –se repuso–, pero forma también parte de mi estudio. En fin, es largo de explicar.

–Lo comprendo.

–¿Y no sabrás decirme, por casualidad, a quién podría dirigirme para hacerle algunas preguntas sobre la iglesia de Sainte Madeleine?

–¿La Madeleine? ¡Por supuesto! –Letizia utilizó ese tono de autosuficiencia de quien lo sabe todo–. Es la joya arquitectónica del lugar,

¿sabes? Tiene un coro de estilo gótico primitivo impresionante, y toda la iglesia es una interesante mezcla entre el románico más avanzado y el gótico más simple, como si sus arquitectos hubieran ensayado allí lo que habría de ser el posterior estilo de las grandes catedrales.

–¿En serio?

–Sí –se disparó Letizia–. Además, allí mismo fue donde san Bernardo convocó a los nobles de la región para organizar la segunda cruzada contra Tierra Santa. De eso deben de saber mucho los religiosos de la Fraternité Monastique de Jerusalem, que son los que cuidan ahora de la iglesia. Puedes preguntar por el padre Pierre, que es todo un sabio, y que vive en la misma plaza de la iglesia. No te costará encontrarle.

Michel anotó todas aquellas indicaciones en un pequeño bloc de notas, mientras Letizia le abordaba por otro lado.

–¿Y hasta cuándo te quedarás en Vézelay?

–Seguramente hasta el miércoles.

–Eso es pasado mañana.

–Sí –remató–. Me quedaré en el hotel *La Palombière*, en la *place du Champ de Foire*.

–Lo conozco. Si recordara algo que pudiera serte útil te llamaría allí sin falta.

Michel se mordió la lengua. No podía, no debía decirle «gracias, cariño», ni siquiera insinuar lo mucho que le hubiera gustado compartir con ella aquel viaje, aunque fuera eso lo que le brotara del corazón. Por el contrario, se despidió de Letizia lo más neutramente que pudo y, tratando de enterrar con diligencia sus fantasmas, volvió a subir al coche para recorrer los escasos 40 kilómetros que le quedaban aún hasta su destino.

Las últimas curvas fueron las peores. Empinado y serpenteante, el acceso a la «colina eterna» –como la llamaban los peregrinos que utilizaban el lugar en la Edad Media como punto de partida para su ruta sagrada hacia Santiago de Compostela– se hizo duro hasta para el moderno motor de inyección del Suzuki. Cuando, por fin, Michel coronó aquella pendiente, recién entrado en Vézelay, la carretera se dividió en dos frente a él.

La Palombière estaba a mano derecha. Era una casona del siglo XVIII engullida por madreselvas esplendorosas que, a decir verdad, estaba integrada dentro de un conjunto urbano mucho más moderno de lo que esperaba encontrar allí. Ingenuamente, el ingeniero se había imaginado una especie de ciudadela medieval parecida a Carcasona, pero allí lo único verdaderamente antiguo era una puerta de piedra de arco ahusado, encastrada en una torre en mal estado que, probablemente, debió de pertenecer a las antiguas murallas defensivas del lugar cuando éste aún se llamaba Vercellacum.

Después de aparcar, Michel tomó su maleta y una bolsa con cámaras fotográficas, y tras ser instruido por la propietaria del establecimiento en el uso de un cierre electrónico que permitía subir a las habitaciones directamente desde la calle —sólo había que marcar el número 1863 en un panel electrónico similar a los del CNES—, abandonó el hotel rumbo al centro.

Michel se aseguró de que llevaba encima la copia ampliada de la fotografía CAE 990111 del ERS, en la que se veía el trazado de una línea ligeramente sinuosa que no podía corresponder más que a la calle principal de Vézelay, y la dobló en dos. No hacía falta ser demasiado listo para saber que aquella línea casi recta de la imagen debía corresponderse con la amplia travesía que nacía bajo el arco de piedra que tenía frente a él.

Ascendió a buen paso.

La avenida, sembrada de pequeños restaurantes y tiendas de recuerdos, le dejó casi sin aliento. Al final de aquella cuesta interminable, una enorme fachada de piedra, coronada por una espléndida torre maciza de cuatro cuerpos terminada en plano, se abría majestuosa en el centro de una plaza acogedora en la que brillaba con luz propia un tímpano sembrado de extrañas escenas. Perfectamente orientada de este a oeste, la luz del sol descendiendo por el extremo opuesto del templo enmascaraba algunos de los detalles más hermosos de su imaginería.

La mole le impactó.

En el aparcamiento que cubre buena parte de aquella placita, el ingeniero desplegó la foto del satélite. No quería cometer ningún error.

Tras un par de comprobaciones elementales tratando de imaginar cómo serían los tejados de las casas vistos desde el ERS, situó la mancha blanca de la toma en relación a las viviendas contiguas. Pronto se dio cuenta de la también muy precisa orientación este-oeste que seguían las líneas de aquella «irregularidad», respetando escrupulosamente la orientación de la propia iglesia. No había duda: la anomalía tapaba exactamente la parcela sobre la que se erigía el templo de Sainte Madeleine. Y nada más.

VÉZELAY

—¡Pero si llevan dos horas reunidos!

Sor Inés protestó enérgicamente ante la encargada de mantenimiento de la Fraternidad Monástica de Jerusalén. Ésta, una rusa de caderas generosas y brazos gruesos como las mismísimas columnas del Partenón, llevaba un buen rato puesta en jarras en medio del pasillo haciendo gala de la más agresiva de sus muecas.

—Lo siento, pero no se puede pasar —gruñó—. Deberá volver con su bandeja de comida a la cocina y calentarla cuando se lo ordenen, hermana.

—¡Tenemos unos horarios! —se quejó sor Inés.

—Deben cumplirse escrupulosamente. Sin embargo, comprenda que ésta es una reunión excepcional. He recibido órdenes precisas de que no puede molestarse al abad bajo ninguna circunstancia. Y eso la incumbe también a usted.

La monjita cedió de mala gana. Dio media vuelta con su fuente llena de alimentos humeantes y, una vez de espaldas a la rusa, refunfuñó algo en voz baja.

—Avíseme entonces. Ya no tengo edad para darme estos paseos en balde.

Sor Cazuelas —así llamaba a la hermana Inés toda la congregación—, descendió a regañadientes los escalones que daban a la cocina del albergue del peregrino de Sainte Madelaine. Situada junto a una de las discretas puertas de entrada a la comunidad, los fogones de sor Inés eran famosos en toda la orden porque desde sus ventanas a ras de calle podía controlarse prácticamente todo lo que sucedía en la plaza de la basílica. Cuando la hermana Cazuelas se contrariaba por algo –que era, por cierto, bastante a menudo–, lo único que parecía calmarla era curiosear por aquellas ventanas y distraerse husmeando las idas y venidas de los turistas que frecuentaban el lugar.

Bien fuera por su enfado, o por su natural propensión al cotilleo, lo cierto es que nada más dejar sobre la encimera de aluminio las viandas recién preparadas para el padre Pierre y su ilustre invitado, sor Inés se dio cuenta de que algo inusual estaba sucediendo allá afuera.

En efecto. En el centro del aparcamiento, junto a la furgoneta de reparto de libros de la tienda que la Fundación tiene dos manzanas más abajo, un hombre de mediana edad y aspecto cuidado examinaba una gran foto plastificada que parecía (qué cosas) en blanco y negro. Aquel varón de aspecto afable debía de llevar un buen rato allí plantado, echando rápidas ojeadas ora a la iglesia ora a aquella tremenda imagen. Al menos, el mismo que ella había perdido discutiendo con sor Perestroika.

Sor Inés, comida por la curiosidad, estiró el cuello por encima de los pucheros. El extranjero –evidentemente debía de serlo, pues su gabardina y su bigote no eran precisamente típicos de la región–, miraba sin inmutarse la imagen que sostenía entre ambas manos, fijándose después en los alerones de las casas de alrededor, como si tratara de encontrar algún paralelismo oculto. Después de un minuto de subes y bajas de cabeza, el forastero, con aire indiferente, introdujo la mano en uno de sus bolsillos y extrajo unos minúsculos binoculares grises que se llevó frente a sus gafas. «Pero ¿qué estará mirando ese tipo?», pensó cada vez más intrigada.

La monjita, que ya casi había olvidado su enfado con la rusa, creyó oír que el extranjero estaba hablando solo, en voz alta. Haciendo verdaderos esfuerzos para alcanzar a escuchar lo que aquel personaje murmuraba, logró incluso adivinar algunas palabras sueltas.

–Juicio Final –barruntó–. Ángel con balanza... Condena de los pecadores...

Y después, algo que la extrañó.

–Cuarenta grados latitud oeste... Novecientos noventa y dos ochocientos diez... Granito... Radioactividad...

Las primeras palabras se referían, sin duda, a las figuras en altorrelieve que decoran el tímpano central que flanquea el acceso al nártex de Sainte Madelaine. Se trata de un conjunto escultórico restaurado a principios de siglo por el célebre arquitecto Viollet-le-Duc, que representa el Juicio Final. En él puede verse a Jesús en majestad, con los brazos extendidos, entre dos grupos de tallas bien diferenciados entre sí: a su derecha, los justos; y a su izquierda, los condenados a los suplicios eternos del espíritu, cuya alma es pesada en una balanza que sostiene un ángel de mirada perdida. Pero ¿y el resto de palabras y cifras? ¿A qué podía estar refiriéndose?

Antes de que sor Inés prestara más atención a lo que murmuraba aquel personaje, la silueta alta y de hombros cargados de François Bremen se pegó a las espaldas del extranjero. «Esta sí es buena», murmuró sor Inés con evidente desagrado. El señor Bremen era bien conocido en la Fundación por encargarse de impartir a la comunidad y a sus numerosos visitantes conferencias ocasionales sobre los más diversos temas. Aunque gustaba decir que él era el «cronista oficial» de Vézelay, en realidad se trataba de un profesor jubilado que caía bien a casi todo el mundo... salvo a ella. Le parecía un plasta, un pesado.

Sor Inés, desde su «escondite», acertó a escuchar únicamente una pequeña parte de la conversación, en la certeza de que si Bremen estaba allí no tardaría en enterarse todo el pueblo de la identidad del visitante. Era evidente que aquel metomentodo no había podido tampoco dominar su curiosidad al ver a tan insólito personaje merodeando por los alrededores de Sainte Madelaine... ¡y mirando los tejados!

—Buenos días, señor —dijo Bremen, levantando su inconfundible boina negra en actitud de saludo.

—Buenos días —respondió el extranjero en perfecto francés, para sorpresa de la monjita.

—Verá usted, llevo un rato mirando cómo examina esa foto, y no he podido evitar preguntarme si es historiador o algo así. Disculpe mi atrevimiento, pero le he visto tan concentrado, que creo debe de estar estudiando nuestra iglesia. No me equivoco, ¿verdad?

Antes de que Témoin pudiera responderle, el anciano remató:

—Yo soy profesor, ¿sabe? Me llamó François Bremen y soy el, digámoslo así, conservador oficioso de este templo.

Sor Inés bufó desde su escondite.

—¿Ah, sí? —el ingeniero tendió su mano al anciano—. Encantado de conocerle. Mi nombre es Michel Témoin, señor. Y lamento decepcionarle, no soy historiador ni nada que se le parezca. Soy ingeniero.

—¿Ingeniero? —aquello pareció sorprenderle—. ¿Y es la primera vez que viene a Vézelay?

—Desde luego. Estaba admirando el pórtico de entrada de la iglesia, que es soberbio.

—Y misterioso —apostilló Bremen.

—¿Misterioso? ¿Qué ve de misterioso en una escena del Apocalipsis?

—Usted, que debe de ser una persona inteligente, ¿de veras no ve nada raro en ese tímpano?

—No —dudó Témoin—. ¿Debería?

—En realidad, casi nadie se fija —suspiró Bremen—. Y es una lástima, créame. Claro que para darse cuenta debería tener una cultura enciclopédica, exenta de prejuicios, y una gran capacidad de observación. Usted ya me entiende.

El «guía oficioso» de Vézelay le brindó un guiño de complicidad que sor Inés no pudo ver y, acto seguido, tomó de la muñeca a Michel arrastrándolo unos pasos hacia delante, como si quisiera mostrarle algún detalle oculto de aquella estructura. La nueva posición de los dos hombres hizo aún más difíciles las improvisadas tareas de espionaje de la religiosa que, ya puesta, no dudó en sacar medio cuerpo por la ventana para intentar seguir la conversación a toda costa.

—Señor Témoin, ¿tiene usted algún interés por la cultura egipcia?

Témoin sacudió la cabeza antes de responder.

—La historia no es lo mío, lo siento.

—Pues es una lástima, porque si usted pudiera comparar esta escena del Juicio Final de Vézelay con lo que nos cuentan los papiros del *Libro de los Muertos* egipcio, vería cuántas similitudes existen entre ambas representaciones. Lo que vemos aquí forma parte, en realidad, de alguna clase de culto egipcio que sobrevivió camuflado en el seno de la doctrina cristiana y que llegó intacto hasta el siglo doce.

¿No le parece extraordinario que un texto de hace más de cuatro mil años, de una cultura dada por muerta hace mucho, haya inspirado una obra como ésta?

—¿Similitudes? Pero señor François —el ingeniero miró divertido al anciano—, ¿cómo va a haber relación entre los antiguos credos egipcios y los constructores de Vézelay? Cuando se comenzó a construir esta iglesia, los últimos faraones llevaban por lo menos mil años bajo tierra.

El profesor se encajó la boina con rudeza y después señaló a la fachada, para pasmo de sor Inés.

—Si hubo relación directa no lo sé, pero que ese tímpano representa una escena del *Libro de los Muertos,* ¡eso es seguro! Mire usted —se enervó—, el ángel que sostiene la balanza es casi idéntico al chacal que pesa el alma del faraón y compara su medida con la pluma de Maat, diosa de la justicia. También es el equivalente al dios Toth, dios de la sabiduría, que determinaba si el mortal había adquirido saber y pureza espirituales suficientes para acceder al cielo. Ese detalle, si se toma usted la molestia de comprobarlo, es uno de los fragmentos del *Libro de los Muertos* más conocidos. También es bastante popular el resultado de la prueba: si por ventura la pluma pesara más que el alma, eso significaría que el difunto ha viajado hasta el Más Allá cargado de pecados, y debe ser condenado de inmediato. Entonces se le manda a las fauces de un monstruo terrible, al que llamaban Ammit, que devorará el espíritu inmortal del difunto y le causará la muerte eterna.

—La muerte eterna. Suena terrible, ¿no cree?

—Y lo es —asintió François—. El abad Suger, que terminó de levantar estos muros en 1144, era consciente de eso y fabricó este templo como si fuera una «máquina para la inmortalidad». Igual que los egipcios decoraban las tumbas de sus seres queridos con escenas del *Libro de los Muertos* para guiarles en su tránsito al Más Allá, este abad erigió un templo similar que sirviera de guía a toda su feligresía en el tránsito que todos, antes o después, tendrían que emprender.

Michel arqueó las cejas asombrado.

—Así que no cree ni una palabra de lo que le digo, ¿no es eso?

–No, no –le atajó–. Siento una tremenda curiosidad por lo que usted cuenta, señor Bremen. Veamos, ha dicho que este lugar funcionaba como una máquina.

–Así es.

–Pero toda máquina se compone de un mecanismo, de unas piezas. ¿Dónde están?

–Acompáñeme al interior y le explicaré cómo funciona.

–¿Cómo funciona? ¿Tiene usted las instrucciones o algo así? –sonrió burlón.

–Digamos que sí, señor Témoin. Esta iglesia se levantó con tal precisión, y reacciona de manera tan especial en fechas muy concretas, que a veces me parece estar visitando el interior de un mecanismo de relojería.

–Bien, eso me interesa.

–Ya lo creo.

Sor Inés vio impotente cómo Bremen y el extraño ascendían las escaleras de acceso al templo, perdiéndose en su interior a través del pequeño portal situado a la derecha de la fachada principal.

Intrigada por las alusiones a una «máquina» y por comentarios que nunca antes había oído brotar de sus labios, la inquieta cocinera a punto estuvo de abandonar sus fogones y pasearse disimuladamente cerca de aquellos dos hombres, pero sor Perestroika frustró –una vez más– sus planes.

–¿Qué hace ahí holgazaneando? –le reprochó nada más entrar en la cocina y ver a sor Inés estirada cuan larga era entre la encimera y la ventana del fregadero.

–Revisaba el cierre de las ventanas –se excusó.

–Está bien, el padre Pierre ha solicitado que le subamos el almuerzo en cuanto podamos. Comerá con su invitado en el despacho.

–¿En el despacho? –se extrañó Inés.

–Sí. Y de inmediato. No haga esperar a los padres, que ya sabe cómo se ponen.

Así que ambas monjas tomaron las bandejas de comida, llevándolas diligentemente al piso superior.

LA FUERZA

El salón donde el padre Pierre despachaba con su invitado estaba literalmente sepultado bajo montañas de papeles que amenazaban con venirse abajo. Montones de correspondencia por abrir, revistas a las que la Fundación estaba suscrita y que el padre deseaba ver antes de que fueran archivadas, y torres de informes y libros para documentar un ensayo sobre san Bernardo que el monje nunca terminaba, dibujaban un paisaje frenético.

Su otra pasión, la radiestesia, también se dejaba notar en su estudio. Una vitrina con una colección de péndulos de todos los tamaños y tipos lucía sobre una de las columnas. Los había de todas clases: desde los que llevaban incorporada una pequeña urna donde incluir el «testigo» –esto es, un pedazo de la tela, tierra o material que se deseaba encontrar–, hasta los más sencillos, más parecidos a plomadas de arquitecto que a ningún otro artilugio. Eran de metal, madera, cristal y hasta cuarzo. El padre Pierre los coleccionaba desde hacía años y se sentía orgulloso de emplearlos siempre que la ocasión lo requiriese. No en vano, muchos en la Fraternidad le llamaban mosén zahorí.

Frente a él, impasible, un joven sacerdote ortodoxo recién llegado de Egipto observaba aquel caos con mirada indiferente. No llegaba a encajar lo de los péndulos.

—A ver si he entendido bien —puntualizó Pierre, sacándole del ensimismamiento—, usted ha venido expresamente desde el Sinaí porque dice que algo extraordinario está sucediendo en nuestra iglesia.

—Así es —afirmó con un gesto de cabeza el ortodoxo.

—¿Y de qué clase de fenómeno estaríamos hablando, padre? ¿Rogelio, me dijo?

—En efecto.

—¿Y bien, padre Rogelio?

—Tenemos razones para creer que una fuerza maligna está a punto de despertarse bajo su iglesia. No se trata de algo que deba tomarse a la ligera. De hecho, sabemos que las actividades de ciertas sectas satánicas se han incrementado notablemente en las últimas semanas en la zona, ¿no es cierto?

El padre Pierre asintió con desdén, quitándole hierro al asunto.

—¡Vamos! ¡Vamos! —agitó las manos haciendo un vistoso aspaviento—. Se trata de gamberros a los que les gusta entrar en los cementerios de noche, hacer pintadas blasfemas y poco más. Eso pasa en todas partes.

—¿Y han profanado Vézelay?

—¡Dios Santo! ¡Claro que no!

—No lo tome a broma, padre Pierre —sentenció Rogelio con gesto severo—, pero lo que está ocurriendo es sólo el preámbulo de un fenómeno cíclico que terminará afectando a este y otros lugares de Francia. La última vez que esta fuerza estuvo tan activa como hoy fue hace ocho siglos, y entonces se la controló gracias a que se construyeron iglesias como ésta para neutralizarla.

—¿Ocho siglos? —repitió el padre Pierre—. ¿Quiere usted decir que la última vez que estuvo en activo esa, digámoslo así, fuerza demoniaca fue en la época del abad Suger?

—Eso he dicho. Pero las cosas han cambiado mucho. Vézelay está casi totalmente reconstruida, y la reconstrucción no respetó las fórmulas arquitectónicas que sellaron el Mal. Ahí tiene el peligro.

—Y según usted —frunció el ceño el padre Pierre—, ese peligro viene del subsuelo.

—Más o menos. ¿Acaso no llaman ustedes a la montaña sobre la que se levanta Sainte Madeleine, el «monte escorpión»?

—No veo la relación.

—Mitológicamente el escorpión es el único animal capaz de provocarse la muerte a sí mismo si se ve acorralado por las llamas. Su po-

113

der es demoniaco, y la tradición que le venera y le convirtió en un signo del zodiaco llegó aquí desde Oriente, probablemente traída por árabes o, aún más probable, por los templarios de san Bernardo. Al dar ese nombre a la montaña, los constructores de Sainte Madelaine estaban ya indicando lo peligroso que es el lugar.

El padre Pierre, un filósofo formado en la Universidad de La Sorbona, de talante moderado, comenzó a considerar seriamente la posibilidad de que aquel hombre fuera un pobre chiflado. Ciertamente hablaba de forma pausada, serena, pero su mirada era de angustia. Como si el tiempo fuera escaso y estuviera en la obligación de convencerle.

—Está bien, padre Rogelio, ¿puede usted presentarme algo para que crea en su palabra?

El egipcio, de mirada negra y profunda, se levantó de su sofá y plantó las manos sobre el escritorio del prefecto de la Fraternidad. Un reloj de pared dio en ese momento cinco campanadas, anunciando lo avanzado ya de la tarde. El ortodoxo aguardó a que terminaran de sonar, y después respondió.

—Hágame caso, padre, no estoy aquí por casualidad. Vigilo de cerca a un hombre que pronto vendrá a verle y que le presentará la prueba que usted me reclama. En realidad, él no sabe exactamente lo que tiene entre manos ni la importancia espiritual que representa. Ni siquiera creo que llegue a comprenderla a tiempo. Mi misión aquí es vigilarle de cerca e impedir que cometa sin querer un error que reactive ese Mal.

—¿Y usted a quién representa?

—Sólo obedezco órdenes. Mi superior en el monasterio de Santa Catalina ha accedido a ciertas informaciones reservadas, que yo mismo no conozco en su totalidad, y me ha encargado que compruebe si existen razones para estar alarmados o no. Yo sólo le advierto de que las actividades satánicas pueden incrementarse en breve en este lugar, y que eso sólo será el preámbulo.

El padre Pierre se removió en su asiento.

—¿A qué razones de alarma se refiere?

—Si, por ejemplo, alguien conoce más de la cuenta un determinado secreto, o si, metafóricamente hablando, posee la llave que abra la puerta a esa fuerza de la que le hablo.

—Si la suya es una visita pastoral, supongo que nuestro obispo estará al tanto de su presencia aquí, ¿no es cierto?

El ortodoxo meneó la cabeza, haciendo mover su cabellera negra.

—No. ¿Para qué? Cuánto más alta sea una autoridad, más cosas tiene que ocultar. Incluyendo la filiación a la que pertenece. ¿No cree?

El padre Pierre observó a su interlocutor algo intimidado.

—No hay nada que ocultar, padre Rogelio. Créame. La vida aquí es muy tranquila. Yo mismo, por ejemplo, llevo años trabajando en la vida de san Bernardo, que impulsó desde este lugar su gran obra política y convocó a los pies de Sainte Madelaine la segunda cruzada contra Jerusalén. Nunca he visto u oído nada raro salvo los oscuros capiteles de la basílica y la leyenda de cierto *Libro del Conocimiento* que un día se habrá de encontrar por estas latitudes. Y aun eso son puras leyendas medievales.

—Le llamaré, padre. Cuando haya visto la prueba y atienda a mis palabras con otros oídos, se hará cargo de la trascendencia de lo que he venido a contarle.

Pierre se encogió de hombros antes de responder.

—Espero no haberle ofendido. Pero profesa usted unas creencias que no puedo compartir.

—¡Oh, no! Nada de eso. Me hago cargo de que hablar de fuerzas malignas en estos días suena raro, pero le advierto que éstas existen y son muy poderosas. Recuerde el dicho de que el mejor aliado del diablo es ignorar su existencia. —Y esbozando una sonrisa burlona, añadió—: ¿Nunca percibió sus tentáculos con sus péndulos?

Sin aguardar su respuesta, el padre Rogelio se colocó su especie de birrete negro y enfiló escaleras abajo camino hacia la calle.

—Pronto se acordará de mí —dijo desde el rellano—. Ya lo verá.

CORPUS HERMÉTICUM

Orléans

Rodrigo dio un buen rodeo.

Con tal de no regresar a través del río, escapó del campamento de los cruzados por el camino más difícil. Por primera vez los consejos del abad de San Juan de la Peña le fueron de utilidad. «Jamás regreses por el mismo camino por el que sorprendiste al enemigo una vez. Podría abatirte en él a causa de tu exceso de confianza», recordó.

Sólo de pensar lo que podrían hacerle si le descubrían hurgando entre la mercancía secreta a la que había accedido, le ponía los pelos de punta. A los espías —eso también lo aprendió en los Pirineos— se les desolla vivos, se les arrancan las uñas de manos y pies, y si aun así no hablan, se les corta la lengua para que no puedan referir nunca lo que vieron a otros.

La visión le espantó tanto que decidió abrir bien los ojos. Tras dejar atrás los carros y las tiendas de provisiones cruzadas, el intruso atravesó a tientas varios campos de cultivo salpicados de peligrosos pozos abiertos a ras de suelo. La noche sin luna no hizo fácil las cosas. Por eso, cuando con las primeras luces del alba se adentró definitivamente en el centro de la ciudad, Rodrigo suspiró satisfecho. Después de atravesar las porquerizas de Jon, la herrería de los hermanos Mondidier y el recoleto telar de Amadís, el aragonés enfiló la Cuesta de las Almas, a sabiendas de que aquél era el camino más corto para llegar al palacio episcopal.

Casi no tuvo que esperar. Aunque sucio y todavía con las calzas empapadas, el secretario del obispo le recibió de inmediato, conduciéndole hasta el jardín trasero del edificio. Los pasillos del palacio eran suntuosos, pintados con tonos ocre muy vivos y decorados con cuadros inspirados en el martirologio católico. Al final del mismo, tras atravesar un marco de granito tallado con poco esmero, vio a Raimundo de Peñafort sentado en un poyo de ladrillos y deleitándose dando de comer a una pequeña recua de patos que picoteaban a su alrededor.

—Nunca es temprano para alimentarse, ¿verdad? —dijo desmigando un pedazo de pan seco, en cuanto advirtió la llegada de su espía.

—Decidme, Rodrigo, ¿traéis con vos las noticias que os pedí?

Todos sabían que el obispo de Orléans era un hombre ansioso, con una sed de información inagotable y una enorme capacidad de gestión. Verlo allí, relajado, aguardando a que desembuchara todo lo que había visto, relajó el ánimo a Rodrigo. Aun así, no dio demasiados rodeos.

—En realidad, eminencia, acabo de regresar del campamento, tal como vos me pedisteis —dijo Rodrigo en un francés deficiente, sacudiéndose aún las costras de barro adheridas a su camisa—. Y de allí os traigo algo para que lo examinéis.

—Mmmmm —susurró—. ¿Os habéis atrevido a robar su mercancía?

—Formaba parte de la carga que esos caballeros traían consigo, y pensé que...

—Excelente, excelente —sonrió—. El robo es un pecado, hijo, pero Dios sabrá perdonarte porque la causa es justa. ¿Puedo ver lo que traéis?

Tras hurgar en sus calzas, Rodrigo tendió al obispo la plancha que un par de horas antes se había escondido en la cintura. Se trataba, vista ahora a plena luz, de una especie de tablilla vítrea de no más de dos palmos de largo que tenía unos extraños signos geométricos grabados sobre su superficie. El trazo había sido marcado escrupulosamente, sin titubeos, y su factura maravilló tanto a Raimundo que la examinó con la mayor de las atenciones.

—¿Sabéis cuántos de éstos transportan?

—Más de trescientos, eminencia.

—¿Y qué son?

–Lo ignoro. Lo único que sé es cuanto oí a los soldados: han sido traídos desde Jerusalén por orden de un conde. Y nada más.

–Hugo de Champaña, sin duda –susurró el obispo–. ¿Y adónde pretenden llevar su carga?

–También lo ignoro.

–Entonces, no sabéis de qué se trata, ¿verdad? –repitió.

Rodrigo, extrañado ante la insistencia del prelado, se encogió de hombros y le explicó con naturalidad que él no sabía leer ni escribir, que todo lo más que había aprendido era a sumar, y que aun aquello lo hacía con dificultad. «Un pobre diablo», pensó el obispo.

Contempló aquel extraño bloque verde con fascinación, casi como si pudiera arrancarle sus secretos sólo con mirarlo. Para él era evidente que había llegado, junto a los hombres del conde Hugo, vía Troyes y que ahora se dirigían hacia algún punto en el este. Lo que ya no estaba tan claro era el porqué de aquel traslado. ¿No acababa de celebrarse precisamente en Troyes, en tierras del conde de Champaña, en la ciudad regida por el sobrino del conde Hugo, un concilio convocado por aquel imperioso monje de tierras champañonas llamado Bernardo de Claraval? ¿No había faltado a su cita, por un motivo misterioso, el propio convocante del concilio? ¿Y no había acudido él mismo, junto a los obispos de Reims y Laon, y los abades de Vézelay, Cîteaux, Pontigny, Trois-Fontaines, Saint Denis de Reims o Molesmes? ¿Cabía sospechar que aquella carga era algo que el señor conde quería alejar de Troyes por temor a que tanta clerecía lo descubriese inoportunamente?

El obispo, habitualmente sagaz, se sumió en la desesperación. Aquella piedra lisa y aceitunada no decía ni palabra. No revelaba nada de su origen o significado, mucho menos de su destino, y Rodrigo, aunque había triunfado en la misión, había fracasado en su empeño de despejar la incógnita que traía consigo aquella caravana bien armada.

–¿Y ni siquiera oísteis pronunciar el nombre de Bernardo?

Rodrigo, sorprendido, se estiró antes de responder.

–¿Bernardo? ¿De Claraval?

–¿Quién si no?

–Sí –dudó–. Su nombre sí lo escuché, eminencia.

—¿Y qué dijeron de él? —preguntó distraídamente el obispo, apurando las migas del último currusco.

—Apenas presté atención. Dijeron que estaba en Chartres, pero no le di importancia, mi señor.

—¿Chartres? —los ojos de Raimundo de Peñafort se abrieron como platos—. ¿Estáis seguro de lo que decís?

El aragonés asintió, ajeno a los extraños razonamientos del obispo. No era muy lógico, pensó éste, que si Bernardo había faltado al concilio en Troyes estuviera, pocas semanas después de la cita, a tantas leguas de allí. Con los hábitos recogidos por encima de los tobillos para no mancharselos de barro, el prelado de Orléans se levantó y dio algunos pasos hacia unos graciosos arcos de piedra que rodeaban su jardín.

Al oírle resoplar, aunque fuera de espaldas, Rodrigo supo que el obispo estaba maquinando algo. «¿Tan importante es saber que Bernardo está en Chartres?», dudó. Y antes de que pudiera encontrar una respuesta a tan elemental incógnita, el cuerpo nudoso del obispo —todo él parecía retorcido como una soga—, giró en redondo y clavó sus ojos en él.

—Irás a Chartres —dijo—. Y averiguarás qué trama Bernardo.

—¿Qué trama Bernardo? —Rodrigo titubeó—. ¿Y las tablas?

—¡Que me corten la mano derecha si no van ya en esa dirección!

COMO ES ARRIBA...

Vézelay

El interior de la iglesia estaba vacío. El último grupo de turistas acababa de abandonar el templo cámara en ristre, siendo astutamente dirigidos por sus guías hacia las tiendas de recuerdos de los alrededores. El nártex quedó entonces sumido en una extraña y serena quietud. Amplio y luminoso, aquella sala previa a la entrada al templo le recordó a Témoin el Pórtico de la Gloria, que había visto hacía años en Santiago de Compostela. El señor Bremen se santiguó.

–¿Lo siente? –susurró.

El ingeniero, absorto en medio de aquella serena belleza, se encogió de hombros sin saber qué responder.

–Me refiero a la energía del templo –insistió Bremen–. Con el tiempo uno acaba aprendiendo a percibir el estado de ánimo de las piedras... Sé que es difícil de creer, pero ese estado varía de manera cíclica. Es como si el templo estuviera enfadado unos días y amable otros.

El ingeniero echó un vistazo a su alrededor sin comprender muy bien aquello. ¿Y si semejante cicerone era un loco cualquiera de Vézelay? Vestido con pantalón de pana verde y camisa de felpa, Bremen no presentaba un aspecto demasiado alocado; sin embargo, reconoció, había algo en su mirada que le asustaba.

–¿Y la máquina? ¿No iba usted a enseñarme cómo funcionaba el mecanismo interno del templo? –le abordó.

–¡Ah, la máquina! –exclamó–. Acompáñeme.

De dos zancadas, Témoin y Bremen se situaron justo delante de la puerta interior de Sainte Madeleine. Era una portada magnífica, con un Cristo con los brazos abiertos mucho más desgastado que el que lucía en la fachada principal, y que parecía emitir unos curiosos rayos de piedra ondulados sobre las escenas circundantes.

—Es la representación del descenso del espíritu sobre la jerarquía cristiana —murmuró Bremen extasiado—. En las arquivoltas están las imágenes de las siete iglesias de Asia y san Juan escribiendo el Apocalipsis al dictado de un ángel. ¿Lo ve?

En efecto, justo debajo de un peculiar zodiaco, aparecía una escena en altorrelieve que mostraba una figura sosteniendo una especie de vara hablando a otra, menor, que parecía tomar notas.

—Todo el conjunto —siguió Bremen explicando— es una alegoría a la transmisión del conocimiento. Al trasvase de la fuerza espiritual del maestro al aprendiz. Y todo, todo, obedece a una composición matemática rigurosa.

—¿Matemática? ¿Qué matemática puede haber en un pórtico?

Bremen, que se había quitado su boina negra y lucía una coronilla completamente pelada, rebuscó en los bolsillos de su pelliza. De uno de ellos extrajo un pequeño folleto, podrido de puro viejo, que extendió frente al ingeniero. Mostraba un esquema simple de la puerta interior de Vézelay cruzada por líneas discontinuas a modo de trazado geométrico.

—¿Lo ve? —dijo señalando el dibujo.

—No. ¿Qué he de ver?

—Las instrucciones de la máquina —sonrió Bremen—. ¿Qué si no? Si traza una línea imaginaria que una la base de la puerta y después otra que enlace con la cabeza del Pantocrátor, obtendrá un triángulo equilátero perfecto.

Y señalando el triángulo en cuestión, dibujado con líneas discontinuas en el papel, prosiguió.

—Es más, si traza una tercera línea que tenga como centro esa misma cabeza y la une con otras dos hasta el eje inferior de la puerta, obtendrá... otro triángulo idéntico al anterior, pero invertido.

—¡Eso es! ¿No le dice nada?

Esquema geométrico de la portada interior de Vézelay.

Témoin se rascó la barbilla.

—No.

—Es la representación matemática de un viejo principio hermético: lo que está abajo es como lo que está arriba. Hermes, querido amigo, no era sino la versión griega del dios de la sabiduría egipcia Toth. ¿Recuerda al ángel con la balanza del exterior? ¿Recuerda que le dije que era un símbolo de este dios?

François Bremen plegó el esquema de la puerta de Vézelay con deleite y se lo introdujo en su horrenda camisa de cuadros.

—¡Es pura matemática! —insistió—. Los dos triángulos equiláteros entrelazados fueron también el Sello de Salomón, el emblema personal del monarca que construyó el templo de Jerusalén, y que hoy puede usted encontrar incluso en la moderna bandera de Israel.

—Un símbolo judío en un templo cristiano, ¡usted me toma el pelo! ¿Acaso ha olvidado las persecuciones a los judíos durante la Edad Media?

—Está bien —concedió—. Supongamos que no tenía un significado hebraizante, ¿y entonces?

—Bueno —le miró Témoin suspicaz—, usted es el que parece saberlo todo.

—¡Ya! —rió—. Pues no sé si usted sabe que a veces estos triángulos entrelazados se han utilizado también como símbolo de Virgo, porque la estrella de seis puntas que deriva de esta figura representa al que es el sexto signo del zodiaco.

El ingeniero casi se atragantó del susto.

—¿Y eso qué quiere decir? —tosió.

—Es sólo un símbolo, claro. Una señal de que el mundo de arriba, el Cielo, puede ser interpenetrado por el de abajo, la Tierra... ¿No lo comprende? Esta puerta es un umbral de paso al más allá.

—¿Y la máquina? —insistió Témoin desconcertado.

—Funciona como un espejo del cielo. En fechas importantes como los solsticios de verano e invierno, los días veintitrés de junio y veintitrés de diciembre, se activa una energía extraordinaria aquí dentro.

—¿Solsticios?

—Sí. Astronómicamente se refiere a los momentos en que el Sol está en el punto más alejado del ecuador, durante su aparente camino alrededor de la Tierra, al que los astrónomos llaman eclíptica. Los antiguos no sabían por qué, pero veían que el Sol detenía su movimiento progresivo al nacer sobre puntos sucesivos en el horizonte; durante unos días se paraba y cambiaba de rumbo. De hecho —añadió triunfante—, «solsticio» significa «paro solar».

—¿Y eso qué importancia tenía en la época de la construcción de Vézelay?

–¡Mucha! –exclamó Bremen–. Desde muy antiguo, los solsticios marcaban giros importantes en las estaciones del año, momentos de siembra y recolección, ritos sociales importantes. Los cristianos los adaptaron y los convirtieron en las fiestas de San Juan Bautista y San Juan Evangelista, respectivamente. Así, cada veintitrés de junio, por ejemplo, se abre un camino de luz dentro de la iglesia, que marca el «camino de Juan» hasta el cielo. El camino se repite también cada veintitrés de diciembre, en la víspera de Nochebuena.

El ingeniero le miró incrédulo. ¿Qué quería decir con aquello del «camino de luz»? Bremen, que comprendió al instante la estupefacción de su interlocutor, se apresuró a explicarse mejor. Lo tomó del brazo y lo introdujo en la nave central de la basílica.

El espectáculo allá dentro era soberbio: una magnífica estructura cerrada por una bóveda de cañón con nervios bicolor como los empleados en la mezquita de Córdoba, se abría varios metros por encima de sus cabezas. Al fondo, una linterna luminosa, plenamente gótica, confería al lugar un aspecto singular: el del sendero de sombras que desemboca en la luz.

–Verá –prosiguió Bremen situándose en un lugar preciso, justo en el centro de la nave–: cada veintitrés de junio a mediodía, la luz del sol se cuela dentro de la iglesia a través de unos ventanucos especialmente orientados, de manera que siete manchas de luz aparecen en el suelo, justo en el eje de la nave.

–¿Ah sí? Nunca había oído...

–Pues no sucede sólo aquí –le atajó–. En la catedral de Chartres, también el mediodía del solsticio de verano, un rayo de sol se cuela por un vitral dedicado a san Apollinaire y se estrella contra una losa con una pluma grabada en el suelo. ¿No es eso una máquina de precisión?

Témoin parpadeó atónito.

–¿Y lo puede ver cualquiera?

–¡Pues claro! Ahora ya es una atracción turística, aunque casi nadie se pare a pensar por qué se diseñaron esos templos para que funcionaran así.

–¿Y usted lo sabe?

–Tengo mi teoría.

—Usted dirá.

Bremen miró hacia atrás, como si tratara de asegurarse de que no hubiera entrado nadie en la iglesia que pudiera escucharle. Después, con un gesto amable, invitó a Témoin a acompañarle a un paseo por el deambulatorio.

—¿Recuerda lo que le dije del paralelismo entre el tímpano exterior y *El Libro de los Muertos* egipcio?

—¡Cómo olvidarlo!

—Pues bien, yo creo que todo viene de allá. Lo poco que sabemos de la magia egipcia nos ha llegado a través de los griegos, y entre éstos el que alcanzó un mayor grado de iniciación fue Pitágoras, el matemático.

—No entiendo.

—Yo se lo explicaré —continuó Bremen—. Pitágoras, además de matemáticas, aprendió astronomía en Egipto. Estuvo en aquel país veintidós años y allí descubrió que los antiguos consideraban los solsticios como momentos especiales en los que se abría la comunicación con el «otro lado». Llamó a esos momentos «puertas», ¿lo ve?, y consideró que en junio se abría la de los hombres donde éstos podían ascender a los cielos; y en diciembre la de los dioses, donde éstos podían descender a la Tierra.

—¿Y cómo llegó esto aquí?

—Es un poco complejo. Los druidas tenían un saber semejante, y edificaron monumentos como Stonehenge, en Gran Bretaña, o círculos de menhires en otros lugares, como enclaves para vigilar esas «puertas» del cielo. Después, los cristianos construyeron sobre ellos y algunos heredaron el significado profundo del lugar. La clave, recuérdelo, siempre es la misma: como es arriba…

... ES ABAJO

1, 8, 6, 3.

Nunca había sabido cómo demonios funcionaba aquel chisme, pero lo cierto es que era de una precisión asombrosa.

Tras aparecer los cuatro dígitos claramente en la pantallita de fósforo verde del computador, un zumbido sordo quebró el silencio de la puerta automática de *La Palombière*, que cedió sin oponer resistencia.

Gloria no se lo pensó dos veces. Plegó el ordenador, lo introdujo en su pequeña mochila de tela y activó el interfono que tenía colocado hábilmente en su oreja. Si los jefes necesitaban advertirla de cualquier cosa, aquel chisme cumpliría con su inestimable función. Después, sin mirar atrás, penetró en el edificio. No es que le gustara demasiado hacer ese uso de la tecnología, pero si todo era tal como le había dicho su padre, no había elección: había que determinar cuanto antes qué grado de conocimiento tenía el doctor Témoin, como paso previo a cualquier otra clase de acción.

Ése era el plan «A».

La Palombière le sorprendió. Allí no había vestíbulo ni recepción. Era como si, en realidad, aquella entrada diera a la parte de atrás de la casona y permitiera el acceso a las habitaciones desde el discreto portón del jardín. Nada más atravesar su puerta, a la izquierda, un tablón de corcho pegado a la pared y colocado sobre un teléfono de monedas, mostraba todo un universo de tarjetas de restaurantes y clubes nocturnos cercanos. Nada de interés. Dos pasos más adelante, frente a ella, una escalera estrecha y enmoquetada parecía dar paso a los dormitorios.

«Michel Témoin, la 105», se repitió mentalmente.

Vestida con unos Levis nuevecitos y una camiseta ajustada, aquella rubia platino subió el primer y único tramo como una exhalación. Giró por instinto a su izquierda, y tras recorrer tres metros de pasillo exiguo y barandilla metálica, fue a dar frente a la puerta que buscaba. Echó un vistazo a la plancha de madera de la puerta, y palpó con detenimiento el borde occidental del marco tratando de cerciorarse del tipo de cerradura empleado.

–¡Maldición! –exclamó en un susurro.

Aquel hotel de acceso electrónico tenía, dentro, habitaciones con llave de hierro. En aquel pedazo de cerrojo una horquilla se le doblaría en el acto y el truco de la tarjeta de crédito no serviría para nada. Titubeó un segundo antes de dar marcha atrás, y cuando ya pensaba darlo todo por perdido y regresar después con la herramienta adecuada, el ama de llaves la sorprendió.

–¡Ah! ¡Usted debe de ser la señora Témoin! ¿No es cierto?

La mujer, más baja que ella, de unos cuarenta y tantos y de pelo teñido de caoba, la miró de arriba abajo esbozando una falsa sonrisa.

–Así es. La señora Témoin.

No la creyó. De inmediato se lo figuró todo: hombre treintentón, bien posicionado, queda con su amante en un discreto hotel perdido de los circuitos turísticos habituales. Lo peor de esas cosas era cómo lo dejaban todo. La habitación patas arriba, las toallas hechas un asco...

–¿Tiene ya la llave?

–No –titubeó Gloria–. Michel la olvidó y precisamente iba a...

–Vamos, vamos, no se preocupe. Yo la abriré.

Un par de cerrojazos con una pieza enorme, casi de sacristán, abrieron la 105. «Es la llave maestra, ¿sabe?», le dijo sonriendo. Y aunque la rubia pretendía no dejar huellas de su paso, aquello era lo menos malo que podía sucederle. Se despidió del ama de llaves entregándole un billete de diez francos «por las molestias» y después cerró tras ella.

No tenía mucho tiempo.

Con el pulso acelerado, echó un vistazo a su alrededor. La habitación estaba aún sin hacer y la única maleta de Témoin, una pequeña Samsonite de tela, descansaba completamente deshecha sobre una de las sillas. Encima de la cómoda, un mueble raído que hacía las veces de mesa para el televisor, se apilaban un pequeño montón de libros, folletos turísticos y un mapa de carreteras recién comprado.

Los hojeó boca abajo, dejando caer los marcapáginas. Lo que buscaba no estaba allí.

«¿Dónde habrá dejado las fotos?», protestó. En principio, si todo era como le habían dicho, el doctor Témoin no sabía que le estaban siguiendo, por lo que tomar la precaución de esconderlas era absurdo.

Las buscó en los bolsillos laterales de la maleta, en los cajones, detrás del televisor, junto a la mesilla de noche, debajo de las alfombras, en la americana colgada en el ropero, en el cuarto de baño... y nada. Rebuscó entre los calcetines, revisó todos los bolsillos, e incluso se detuvo a mirar los post-its y las marcas de rotulador fluorescente con las que había señalado un viejo ejemplar de *Les mystères de la Cathedrale de Chartres*. Tampoco hubo suerte. Allí no estaban.

Después de levantar el colchón para cerciorarse de que tampoco se encontraban allí, tomó su maleta y abriéndola por el cajetín donde se alojaba el mecanismo del cierre de seguridad, depositó en él una especie de pila de reloj minúscula que se adhirió de inmediato al plástico.

Era un transmisor «Spectrum», un pequeño prodigio electrónico capaz de transmitir una señal de localización en un radio de diez kilómetros y fácilmente distinguible con un rastreador de frecuencias del tamaño de un transistor. Si Témoin llevaba consigo las fotos, y con él su equipaje, aquel «botón» impediría que Gloria les perdiera la pista.

Tras accionar el localizador, la rubia abandonó la habitación dejándolo todo como estaba.

OSA MAYOR

En la taberna de Eric no cabía ni un alma. El grupo de ancianos turistas que media hora antes habían visitado la basílica de Sainte Madelaine y contemplado con asombro las reliquias de aquella María a la que los malintencionados atribuyeron un idilio con el mismísimo Jesús de Nazaret y hasta una descendencia, comentaban ahora jocosos parte de aquella extendida leyenda y reclamaban al maître que les sirviera rápidamente sus menús.

François Bremen se escurrió hasta la barra y pidió dos cervezas que pagó en el acto. Después, haciendo auténticos equilibrios por no derramarlas, las sacó fuera del local, hasta unas mesas de hierro en la terraza, donde el ingeniero aguardaba impaciente acariciando una fotografía de gran tamaño que acababa de sacar de uno de los bolsillos de su abrigo.

–¿Y esto?

Los ojos de Bremen se abrieron de par en par, mientras depositaba las dos generosas jarras de cerveza sobre la mesa.

–Debo confesarle algo –dijo Témoin muy serio–. Y debo hacerlo porque creo que usted me ha dado algunas claves importantes sin que yo se las pidiera.

–Bueno, ése es el premio de quienes buscamos con el corazón, ¿no cree?

El guiño de complicidad de Bremen no conmovió al ingeniero.

–De eso quería hablarle precisamente. Yo no busco con el corazón, ni siquiera busco algo trascendente en todo esto. Si he venido a Vézelay –tomó aire– es porque hace dos días uno de nuestros satélites obtuvo varias fotografías como ésta, en las que se aprecian unas anomalías que no sé descifrar.

—¿Uno de vuestros satélites?

—Verá —arqueó el bigote Témoin—, mi trabajo es el de ingeniero de telecomunicaciones del Centro Nacional de Estudios Espaciales de Toulouse, y en concreto, debo supervisar el buen funcionamiento de los satélites meteorológicos y cartográficos. Fue uno de estos últimos el que obtuvo esta foto. El resto las tengo en el coche.

El «cronista oficioso» de la villa alargó la mano para contemplar aquella foto numerada —CAE 990111— y fijarse con detenimiento en el segmento recuadrado que, sin duda, se correspondía con la «colina eterna» de Vézelay.

—¿Ve algo raro? —preguntó Témoin.

—Supongo que se referirá a esta mancha blanca que hay sobre Sainte Madelaine, ¿verdad?

—Así es. La foto fue tomada el pasado día veintitrés, y ésta no fue la única anomalía registrada. En otros cinco lugares surgió algo parecido. Lo curioso es que en todos ellos se levantan construcciones góticas alzadas más o menos en el primer periodo de expansión de ese tipo de arquitectura...

—¿Y qué lugares son ésos?

—Todas son ciudades del norte: Évreux, Bayeux, Chartres, Amiens y Reims.

—¡Hombre! —exclamó Bremen—. ¡Las ciudades de Virgo!

Témoin casi derramó la cerveza sobre el abrigo.

—¿Cómo? —tartamudeó, secándose la espuma con el brazo—, ¿conoce usted algo de la correlación con Virgo?

—¡Y quién no, amigo! —bramó el maestro de nuevo—. Esa idea fue expresada por primera vez en uno de los libros de Louis Charpentier[1] y de inmediato adquirió una notable popularidad en ciertos ambien-

---

1. Por si todavía hay algún lector desprevenido que cree que Louis Charpentier es un mero recurso literario, quizá sea ya el momento de proporcionar su bibliografía completa tal como ha sido traducida al castellano: *El misterio de Compostela* (Plaza & Janés, 1973), *El misterio de la catedral de Chartres* (Plaza & Janés, 1976), *Los*

tes, digamos, esotéricos. Algo parecido se dijo también de ciertas construcciones de los antiguos egipcios, que las levantaron para imitar estrellas en el firmamento. Sin embargo, lo que Charpentier contó tenía su trampa, ¿sabe?

—¿Su trampa?

—Bueno —sonrió Bremen de oreja a oreja—, en realidad nadie ha caído en ello. Pero cuando Charpentier explica que el plano de Virgo se dibuja sobre el suelo de Francia como un espejo, es precisamente así como debe entenderse.

—No le comprendo.

—Si usted ha estudiado a Charpentier, habrá comprobado cómo sitúa la estrella principal de Virgo, Spica, en relación con la catedral de Reims.

—En efecto, sí —asintió.

—Pues es incorrecto. Entre todas las catedrales, la principal es, desde luego, Chartres. ¿Por qué si no iba Charpentier a dedicarle su obra? ¿No lo entiende aún? El plano de Charpentier ¡debe verse como si fuera el reflejo de un espejo! De esa forma, si usted mira el plano de Charpentier invertido, como un reflejo en un espejo, Spica ya no corresponde a Reims, sino a Chartres. Y despeja otra cuestión: por qué no todas las «estrellas» de Virgo se correspondían con catedrales. Ése era un problema que se daba con las estrellas menores de la constelación. Vistas del revés, en cambio, encajan con ciudades que tienen catedral.

—Espere un momento —dijo Témoin sacándose del interior de la chaqueta un cuaderno de notas, con las tablas de correspondencia entre estrellas y catedrales esbozada por Charpentier—. Lo que usted dice lo cambia todo.

—Así es —asintió Bremen—. Lo que me sorprende es que no se haya dado usted cuenta antes.

—Déjeme modificar la tabla que he elaborado de este asunto.

Témoin, inclinado sobre la mesa, tomó el tosco dibujo de Charpentier y comparándolo con el mapa de Virgo que fotocopió en su casa,

---

gigantes y el misterio de los orígenes (Plaza & Janés, 1976) y *Los misterios templarios* (Ediciones Apóstrofe, 1995). Aunque traducidos tardíamente, sus obras —y sus claves— llevan ya años a disposición del lector. Dicho queda.

sacó rápidamente los nuevos datos. Visto desde esa óptica «inversa», ¡hasta las estrellas menores coincidían con catedrales!

Su lista quedó así:

CORRESPONDENCIA «INVERSA» CATEDRALES-ESTRELLAS DE VIRGO

Catedral gótica	Fecha construcción	Estrella a la que corresponde
Chartres	1194	Alfa virginis (Spica)
Reims	1211	Zeta virginis
Bayeaux	1206	Gamma virginis (Porrima)
Amiens	1220	Delta virginis (Minelauva)
Évreux	1248	Teta virginis
Coutances	1218	Eta virginis
Chalons	1230	Tau virginis
Estrasburgo	1220	Virginis 109

—He de reconocer que ha logrado sorprenderme, señor Bremen —admitió Témoin sin levantar la vista de su nueva tabla—. Incluso así se salva una aparente contradicción que ya había detectado en Charpentier: que la estrella principal, Spica o Alfa virginis, se correspondiera con Reims, una catedral más moderna que Chartres y no con ésta, que es la primera de su especie.

Bremen asintió satisfecho.

—Pero me queda una pregunta que no sé si podrá responder.

—Usted dirá —repuso el maestro.

—Vézelay queda absolutamente fuera de ese esquema, y sin embargo, como sucede con las catedrales, al ser fotografiada por nuestro satélite mostró también la misma anomalía «energética» que las construcciones de Virgo. ¿Por qué?

La enorme humanidad de Bremen —como Michel solía llamar a alguien cuando era corpulento— se replegó como si tuviera que gestar la respuesta dentro de su estómago. Tomó la jarra de cerveza que tenía delante y apuró la mitad sin respirar, antes de tomar la palabra. El ingeniero aguardó.

—Está bien, querido amigo. Está claro que usted no se ha leído el libro de Charpentier a fondo.

—¿Por qué lo dice?

—Porque de lo contrario habría visto que cita cómo, mucho antes de ponerse en marcha el plano de Virgo, los benedictinos ensayaron algo parecido con las abadías de diversas regiones del país. Aquí, en la Borgoña, si coloca sobre un mapa las siete principales abadías de esta orden, obtendrá una reproducción aproximada de la Osa Mayor, del Gran Carro.[1]

—¿De veras?

—¡Naturalmente!

—¿Y eso qué sentido tiene?

—¿Sentido? –replicó Bremen–. Eso, amigo mío, es algo que a usted le corresponde encontrar. Yo sólo le puedo dar algunas indicaciones a título personal, porque si lo que quiere es saber por qué su satélite ha fotografiado en blanco esos lugares, ¡no tengo ni la más remota idea!

—¿Qué indicaciones?

El profesor apuró de otro largo, pausado y asfixiante trago el resto de su cerveza, antes de responder.

—Bueno. Tal vez debería usted hablar con el padre Pierre. Vive aquí mismo, y es la persona que más sabe de estas cosas. Yo aprendí con él que, a veces, la Tierra es capaz de descargar su fuerza sobre el entorno en forma de radiaciones, corrientes electromagnéticas y fuerzas que pueden parecer sobrenaturales. Si logra convencerle de que hable con usted y le dice algo de interés, llámeme luego, ¿de acuerdo?

Témoin le miró de hito en hito.

—¿No viene conmigo?

---

1. En efecto, este misterio arquitectónico es rigurosamente histórico. Si se sitúan sobre un mapa de la Borgoña las abadías de Autun, Châlon-sur-Saône, Beaune, Arnay-le-Duc, Saulieu, Quarré les-Tombes y Vézelay, obtendremos una figura muy similar al Gran Carro. Cierto es que su similitud es más tosca que la obtenida con las catedrales de Virgo, pero todo hace pensar –como dice François Bremen– que se trató de «ensayos» previos al gran Plan de Virgo. En el caso de Vézelay, por cierto, esta basílica se correspondía con la estrella más periférica del brazo del carro, es decir, con la estrella Eta de la constelación, también conocida como Benetnasch («plañidera»).

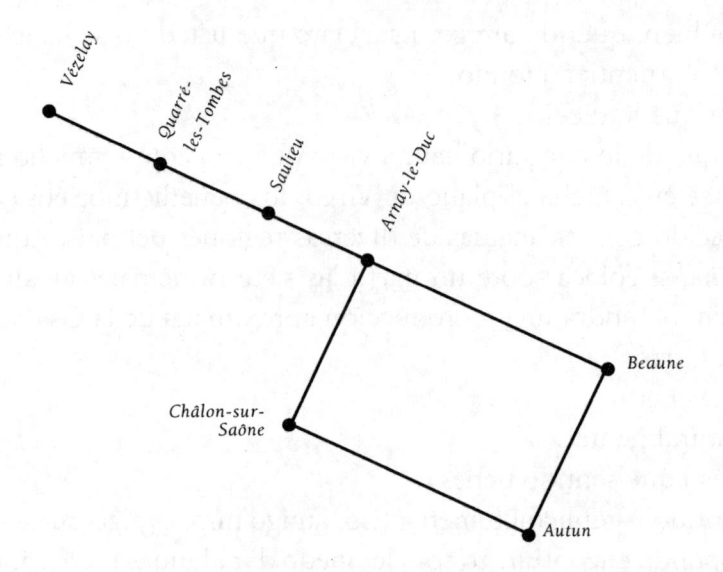

Disposición de las abadías del Císter que imitan la Osa Mayor.

—¡Oh, no! El padre y yo tenemos ciertas diferencias, y si le acompaño dudo que le atienda demasiado bien.

—Es una lástima. Es usted la segunda persona que me ha hablado de él hoy.

Y entregándole una tarjeta, Bremen desapareció.

GLUK

1128

Gluk llegó a las puertas de Chartres justo antes del ocaso. La del norte, una enorme barrera de encina con remaches de cobre, estaba siendo arrastrada en esos precisos momentos por cuatro fornidos centinelas. Como todos los atardeceres, cada uno de los umbrales de acceso al burgo era sellado durante la noche por razones de seguridad. Por estar demasiado cerca de las rutas comerciales más importantes del Atlántico, las calles de la tranquila Chartres recibían la visita de hordas de saqueadores que aprovechaban las horas de oscuridad para sus tropelías.

Gluk, pues, alcanzó el portal por los pelos. El viajero, con sus ropas amarilleadas por el polvo y el frío, apretó el paso gesticulando a los guardias para que se detuvieran. Aunque por su indumentaria era evidente que se trataba de un extranjero, éstos debieron de pensar que un hombre solo no suponía amenaza alguna para la plaza y aguardaron a que el visitante se refugiara dentro de la ciudad. En cuanto entró, los centinelas le reconocieron de inmediato. Aquél era el druida de los bosques de Champaña.

Los guardias se extrañaron. Hacía mucho que no se le veía pisando sus calles, y no eran pocos los rumores que circulaban sobre su más que probable muerte a manos de algún salteador de caminos. Pero aquello no eran más que habladurías. Y Gluk, entre otras virtudes, las suscitaba por decenas.

Al druida, además, se le conocía bien en toda la región por sus habilidades como curandero. Cada vez que pasaba por Chartres, la mitad del burgo acudía a él para que les librara de males de cuerpo y espíritu a cambio de alguna modesta limosna. Las más de las veces el pago no pasaba de ser una hortaliza, algo de harina o un saco de esparto, y en el mejor de los casos una cena caliente y una cama bajo techo. Jamás cobró ningún dinero; gastaba o consumía todo lo que tenía, y partía en cuanto se daba cuenta de que allí ya no era necesario.

Pero aquel druida en concreto tenía otra rara habilidad: hablaba con las piedras. Nadie sabía cómo, pero lo hacía. Interpretaba sus «deseos» con sólo acercarse a ellas y ya desde su adolescencia era requerido por clérigos y artesanos para marcar los lugares sobre los que habrían de erigirse capillas o ermitorios y para que pactara con el *genius loci*, el «espíritu» del lugar. De hecho, era ese don lo que le permitía seguir ejerciendo su oficio más o menos abiertamente. Trabajaba así: preguntaba siempre a qué santo iba a ser encomendada la nueva obra que se deseaba levantar, y después pedía que le dejasen a solas en el lugar durante tres días y tres noches. Ningún sacerdote vio nunca a qué se dedicaba durante ese tiempo, pero las malas lenguas aseguraban que plantaba su vara aquí y allá, oraba, y miraba cómo las estrellas pasaban por encima. Sabía leer, escribir, hacer números y hasta escribir música, un don ciertamente extraño para un habitante de los bosques. Y cuando estudiaba el lugar donde iba a levantarse una iglesia, anotaba las medidas de sus cimientos rigurosamente, las dibujaba sobre el papel, trazaba líneas entre los diversos puntos de sus planos y daba después su sabio diagnóstico. «Las piedras y las estrellas –solía decir– deben estar en estrecha comunicación para que el templo funcione. –Y añadía muy seguro de sí–: Dios creó el mundo para que fuera un reflejo de los cielos, y sus templos una recreación de sus estrellas.»

Nadie supo nunca dónde vivía, ni si tenía o no una familia que alimentar. En la Borgoña o en la Champaña se creía que su irrupción era señal evidente de algún cambio por venir; a veces la muerte de un noble, otras un cambio de obispo y las más el anuncio de un giro en la suerte de las cosechas o la advertencia que marcaba el inicio de una gran sequía o una epidemia. No es que fuera exactamente así, pero Gluk callaba.

Hasta el obispo Bertrand sabía bien del druida y de sus métodos. Y lo toleraba porque, en cierta manera, también él le debía la vida. Por todo Chartres había corrido la noticia de que una sífilis galopante estuvo a punto de pudrir las partes nobles del prelado hacía algunos años, y que de no ser por la acertada intervención de Gluk, obispo y partes haría largo tiempo que reposarían bajo tierra. De eso hacía no menos de diez inviernos. Pero ahora, ¿qué podía traerle otra vez a la ciudad?

Después de cruzar la puerta norte, Gluk atravesó descalzo el Paso de los Herreros sin detenerse a saludar a nadie. Eso era raro, muy raro. Si de algo podía vanagloriarse el druida era de su excelente carácter y de que siempre tenía tiempo que dedicar a quien se encontrara en el camino. Pero esta vez parecía diferente. Vestía el mismo raído *sagum* de su visita anterior y se apoyaba en la misma vara con aspecto de serpiente, pero su gesto era diferente. El suyo seguía siendo aquel vestido holgado, sin botones, que cubría su cuerpo raquítico hasta las rodillas y al que ceñía una cuerda de la que colgaba su hoz. También su cabellera cana, surcada de mechas grises, era la misma. Hasta la ancha caperuza de lana que llevaba sobre los hombros, seguía sin ser reemplazada por otra más tupida y práctica.

Andreu, el carnicero, al verle pasar delante de su mostrador dio con la clave: «Miradle —susurró asombrado—, ¡lleva prisa!».

Al enfilar la cuesta de los curtidores, Gluk siguió sin decir palabra. Atravesó los puestos donde ardían las brasas en las que se calentaban herraduras y argollas para el ganado, y se apresuró a vencer los escasos trescientos metros que le separaban de la casona en la que el sifilítico Bertrand había instalado al abad de Claraval. Allí se detuvo un segundo para contemplar su fachada de dos plantas y el tejado de madera recién puesto, y tras pasear su mirada por cada una de las ventanas abiertas a los últimos rayos de sol del día, bordeó el inmueble y se dirigió con paso firme hacia la iglesia abacial.

¿Era su visita un buen augurio o un signo funesto? Media calle comenzó a hacerse cruces sin saber muy bien con qué carta quedarse. Mientras tanto, Gluk tomó el camino de su derecha para perderse rumbo a la iglesia.

Por casualidad Felipe, el escudero de Jean de Avallon, fue el único que le pudo seguir con la mirada. A esa hora estaba apoyado en uno de los portales de doble hoja de acceso a las cuadras, tomando el aire después de haber sacado brillo a la espada de su señor. Le gustaba respirar el aroma frío que despedía el río al caer la tarde, y quitarse de las narices el olor del ácido abrillantador. Fue en ese momento cuando Gluk pasó frente a él.

El druida no le prestó atención, pero a Felipe la estampa de aquel desconocido le pareció surgida de otro mundo. La poca luz de la tarde apenas le dejó ver una silueta espigada caminando a toda prisa hacia la iglesia. ¿Un brujo? ¿De camino al templo? El escudero se alarmó. Había oído hablar mucho de aquella clase de personajes, capaces de pactar con el Diablo y engañarle o de practicar encantamientos que podrían hacer vagar a un guerrero alrededor de un árbol durante años. ¿Qué hacía allí uno de aquellos magos? ¿Venía acaso en busca de Jean de Blanchefort? ¿Era aquél uno de los *charpentiers* de los que había oído hablar al capellán de San Leopoldo?

La sorpresa le petrificó.

Un instante después, el druida giró en el centro de la plaza y encaminó sus pasos hacia el extremo opuesto. Delante mismo del pórtico de los apóstoles, esta vez sin testigos, alzó su mirada a la figura sedente de Nuestro Señor y murmurando algo en voz baja, como si pidiera su consentimiento para entrar en el templo, hincó su rodilla desnuda, extendió su vara paralelamente al portal, y apoyando las palmas de sus manos sobre el empedrado, besó el suelo. «Yo soy la Puerta, y quien entre a través de mí será salvado», dijo. Después sonrió. El buen druida acababa de darse cuenta de que aquél era un templo «orientado», es decir, sobre su linterna lucía inequívoco el emblema de Cristo –un círculo con las tres primeras letras del nombre del Salvador, X-P-I en griego, impresas en su interior–, que en realidad marcaba, como una brújula, los cuatro puntos cardinales.

Crismón.

Era un templo armónico con los ejes celestes. Era, sin duda, «el lugar».[1]

Instantes después de que el druida desapareciese rumbo a la nave y a las gruesas cortinas del transepto, Jean de Avallon y su asustado escudero llegaban casi sin aliento hasta el pórtico.

–¡Os juro que le vi dirigirse hacia aquí! –dijo Felipe nervioso.

–Tranquilizaos. Nada malo puede ocurriros si venís conmigo. ¿Y decís que tenía el aspecto de un mago?

–¡Eso es seguro! –exclamó–. Era un brujo. Llevaba largas cabelleras blancas y un saco lleno sabe Dios de qué. Se detuvo delante de la casona, como si buscara algo o alguien en ella, y luego partió hacia aquí. ¡Espero que no nos haya echado un mal de ojo!

Gracias a Dios Jean no era muy permeable a esa clase de supersticiones. Llevaba años escuchando augurios como aquellos en media Asia sin que nunca se hubiera cumplido ni uno sólo. Aunque, naturalmente, admitía que existían fuerzas sobrenaturales que podían ejercer su acción sobre los mortales, también estaba bastante seguro

---

1. No es éste un detalle superfluo. Los antiguos tenían especial cuidado en orientar sus templos hacia los cuatro puntos cardinales, porque de esta manera creían que los situaban en el centro del universo visible, convirtiéndolos en una suerte de punto geodésico que marca el lugar donde convergen cielo y tierra.

de que apenas habían nacido hombres capaces de dominarlas. Cerca ya de la iglesia, Jean pidió a su escudero que le diera cuantos detalles recordara del «mago». Debían estar seguros antes de detenerle.

—¿Y de qué le acusaremos? —preguntó el caballero.

—Nuestro abad lo decidirá.

—¿Y si erráis en vuestro juicio?

—La prudencia nunca está de más, señor. ¿No dudáis? ¿Y si éste es el asesino que buscamos? ¿No querréis que nuevas muertes puedan caer sobre nuestras conciencias? Quien mata a uno, puede matar a más.

Aquello le persuadió. Tras empujar el portón y adentrarse en su nave principal, Jean repasó la situación. Sólo había algo que no le encajaba: si el hombre que había visto Felipe era, en efecto, un brujo, ¿qué razones podría tener para entrar casi de noche en la Casa de Dios? ¿No le repelería profundamente un lugar santificado como aquél?

El tenue resplandor del único cirio que quedaba encendido en el altar apenas daba luz a las primeras hileras de banquetas. Allí no había nadie.

—A lo peor es uno de los que ajusticiaron al maestro constructor —repitió Felipe cada vez más asustado—. Incluso podría haber venido a llevarse su cuerpo. Vos mismo dijisteis que lo habían enterrado provisionalmente.

—Lo averiguaremos enseguida —le atajó el caballero—. Tal vez sólo haya venido a robar.

—¿Robar? ¿La *sancta camisia*?[1] Permitidme dudarlo, señor.

Una daga corta, de filo curvo muy pulido y mango de hueso, brilló en la oscuridad. Jean de Avallon no se separaba nunca de ella, aunque la utilizaba en raras ocasiones. Ahora, caminando muy despacio, el brillo del arma les precedía en su avance. Las escuetas ventanas que daban a la nave principal sólo servían para proyectar sombras inquietantes por todas partes, dando paso a un silencio sobrecogedor. Sólo el perfil del altar de Santiago, ubicado muy cerca del transepto, en

---

1. En Chartres, desde tiempos de Carlomagno, se veneraba una curiosa reliquia: la *sancta camisia* o túnica de la Santísima Virgen. Un rectángulo de tela que fue traído desde Bizancio, y que Carlos el Calvo entregó a la iglesia del burgo en el 876.

uno de los huecos del muro occidental, destacaba en medio de aquella oscuridad.

—¿No escucháis nada, señor?

Felipe, excitado, tiró del manto de su señor. Tenía la respiración acelerada y el golpeteo constante de su corazón estaba a punto de hacerle estallar las sienes.

—Es allá, al fondo. En medio de la negrura —insistió.

El caballero, con la daga bien apretada, se detuvo un instante. Todo parecía en calma. A la altura del altar de Todos los Santos, la iglesia parecía el interior de una enorme sepultura vacía. Pero ¿lo estaba? No sabría decirlo. Jean de Avallon, tenso, afinó el oído todo lo que pudo, tratando de penetrar en la penumbra. Al principio no escuchó nada, pero cuando fue capaz de discernir entre el ruido de sus pasos, la respiración agitada de su escudero y su propio corazón, intuyó que algo estaba ocurriendo diez pasos por delante de él.

Lo que creyó oír era un soniquete monótono, como una oración, que emergía de algún lugar del... ¡suelo!

—¿Lo oís ahora? —instó Felipe otra vez.

—¡Callad!

Un débil resplandor a ras del pavimento se había hecho visible de repente.

—Ya lo veo —susurró—. Viene de la cripta.

—Tened cuidado, señor.

La cripta, justo el lugar en el que había perdido el conocimiento el abad Bernardo un día antes, era una sala espaciosa a la que se accedía por un tramo único de escaleras estrechas y uniformes. Cualquiera que decidiera tomarlas podía penetrar en aquel recinto sin molestar a quien hubiera en su interior. Era una ventaja estratégica.

Jean y Felipe, impresionados por la cada vez más intensa fuerza de los rezos, se deslizaron con cautela, guiados por el resplandor. Una vez dentro, descendidos sus nueve escalones, no tuvieron demasiada dificultad en localizar su objetivo.

LUX[1]

En efecto, desnudo de cintura para arriba, cubierto sólo con un taparrabos de tela blanca, arrodillado y con los brazos en par extendidos hacia el cielo, Gluk perdía su mirada hacia el techo de piedra. Murmuraba algo ininteligible, como una plegaria formulada en lengua extranjera, y tenía desplegado a su alrededor un pequeño muestrario de objetos y plantas. El caballero se fijó en todos ellos: una cruz celta –una especie de aspa inscrita en un círculo–, algunos amuletos de protección paganos, un rosario de cuentas de madera, algo de musgo y agujas de pino amontonadas en dos pequeños grupos, un trozo de paño de lana gruesa y un jarro con un líquido que le fue imposible discernir desde su posición.

Gluk hacía aspavientos con los brazos, mojaba la punta de sus dedos en la embocadura del jarro y salpicaba después las paredes. Frente a él, detrás del altar, una curiosa imagen de la Virgen, totalmente embadurnada de negro, parecía contemplar la escena con deleite. El druida la salpicaba también a ella una y otra vez, y de tanto en tanto consultaba unos pliegos de papel en los que había trazado extrañas figuras geométricas. En su saco, semiabierto, relucía algo metálico y liso que de inmediato les resultó familiar a los dos «espías». Se trataba de un astrolabio idéntico al que arrancaron de las manos del maestro Blanchefort. Caballero y escudero se miraron sorprendidos.

–¿Veis, señor? ¡También tiene un libro!

---

1. Del latín, «luz».

El caballero, atónito, asintió. Sólo había visto libros en Claraval, y aún así, éstos eran ejemplares raros copiados a mano y transmitidos raramente a quien gozaba del don de leer. Ninguno salía del monasterio sin permiso, y cada uno de aquellos ejemplares era tenido como un auténtico y raro tesoro.

–Un libro –susurró.

Antes de que Jean pudiera articular una palabra más, el brujo interrumpió su ceremonia.

–¡Un libro, así es! –exclamó de repente, dejando que su afirmación retumbara por toda la cripta–. ¡Y es el mejor de ellos! ¡Ni la Biblia es capaz de igualarlo en sabiduría e ingenio!

Sin volverse, el druida escondió los brazos frente a él y cerró de un manotazo su hatillo.

–*El fin del sabio y el mejor de los dos medios para avanzar*[1] es su título –añadió aún de espaldas, en un francés perfecto–. Lo he recibido de alguien que conoció a su autor en Córdoba, un cierto Abul Kasim Maslama. Y es la llave para esta y otras puertas. ¿Sabéis? Llevo días sintiendo en mis carnes la conmoción que recorre este lugar, y por eso me he dado prisa en venir hasta vosotros.

Ninguno de los dos abrió la boca. ¿Cómo podía verles si ni siquiera había vuelto la cabeza hacia ellos?

–Bienvenidos –dijo–. Os manda el hermano Bernardo, ¿verdad? –prosiguió–. ¡Ay Bernardo! Él también conoció este libro, lo estudió tan a fondo como yo y me consta que respeta su poder. Vosotros no me conocéis, pero los dos somos grandes amigos. Y aunque haga ya casi veinte años que no nos vemos, seguro que le placerá verme de nuevo.

De Avallon, sorprendido por las dotes de adivinación de aquel anciano, guardó instintivamente la daga en su cinto. ¿Quién era aquel hombre capaz de ver de espaldas y que se decía viejo amigo de su abad?

---

1. Se trata de un libro de origen incierto –probablemente egipcio– que en siglos posteriores será traducido con el nombre de *Picatrix*. Un error renacentista le otorgó ese título, que en realidad parte de la errónea traducción del nombre del autor del tratado, cierto sabio árabe cuya identidad real es la dada por Gluk en estas líneas.

—Bien, bien —el caballero, en tono desafiante, terminó de descender las escaleras de la cripta para dirigirse hacia el anciano—. Así que conocéis al padre Bernardo, ¿verdad? Tendréis ocasión de demostrarlo.

—¿Demostrarlo? ¿Demostrar que conozco a fray Bernardo de la Fontaine? —respondió Gluk—. ¡Yo lo formé en los bosques de Claraval! ¡Y sé que en verdad ha llegado tan lejos como pronosticaban los augures!

Gluk rió. Antes de que el templario terminara de acercársele por la espalda, el druida, de un salto, giró sobre sus rodillas clavando sus ojos transparentes sobre los intrusos. Lo hizo con celeridad, casi como si fuera un zorro abalanzándose sobre su presa, y presumiendo de una flexibilidad poco común en varones de su edad. La suya era, sin lugar a dudas, una mirada poderosa, rematada por dos cejas gruesas, una nariz chata y los labios carnosos. Su complexión huesuda no menoscababa unos brazos y unas piernas de músculos bien entrenados; y su voz, ronca como una lira mal afinada, era penetrante y severa.

El druida, de pie frente a ellos, les estudió de arriba abajo, antes de sonreírles.

—En Évreux, hermanos, sentí que algo iba mal aquí —continuó—. Muy mal. Estuve allí hace cuatro días, y puedo juraros que algo sacudió la Red mientras oraba. Fue un golpe seco, calculado, que estremeció la fuerza de la *woivre*[1] y que me dejó sin respiración.

Aquel anciano hablaba pausadamente, dominando de tal forma sus inflexiones de voz, su pronunciación, que Jean y Felipe no se atrevieron a interrumpirle. Les explicó la manera en la que él era capaz de escuchar a la Tierra, y cómo su cuerpo había sido educado para sentir la fuerza de los elementos antes de que se desencadenaran. Nunca llovía o helaba sobre Gluk, si él no deseaba que así fuera. Sin embargo, reconoció que aquella especial receptividad no era aplicable a las con-

---

1. Así llamaban en tierras celtas a la Fuerza subterránea que creen atraviesa toda la Tierra, formando una red energética poderosa. La representaban como una serpiente (la *woivre*) a la que representaban como líneas en zigzag o serpientes enroscadas a columnas, en sus templos y tumbas.

ductas humanas, mucho más esquivas y erráticas que los ciclos de la naturaleza.

–Así pues, caballeros, decidme, ¿sabéis si ha sucedido algo terrible aquí en estas últimas jornadas? –preguntó el druida al fin.

–¿Algo terrible? –repitió Felipe mecánicamente.

–Un hombre murió después de haber desaparecido durante dos días y reaparecido de nuevo en este mismo lugar –respondió Jean de Avallon.

–¿Un hombre? –el druida cerró los ojos como si tratara de imaginárselo.

–Sí –prosiguió–. Era el maestro de obras a quien se había encargado reformar esta iglesia. Desde ayer, nosotros investigamos su muerte.

–Entonces, sin duda vos debéis ser el templario Jean, protector de Bernardo y caballero de la nueva milicia bendecida en Troyes. He oído hablar mucho de vos y de la orden a la que pertenecéis.

El «Ignorante» se sobresaltó.

–Soy quien decís, en efecto. ¿Y vos? ¿Por qué sabéis mi nombre?

–Me llaman Gluk. Mi oficio es la custodia de los lugares sagrados. Soy un *derua*,[1] pertenezco a una longeva estirpe de sabios, y aunque mis oficios están perseguidos en muchos lugares, mi misión es la protección de los enclaves en los que se venera a la Madre Sagrada.

El anciano señaló a la Virgen ennegrecida que tenía a sus espaldas, explicándoles que esa clase de imágenes eran veneradas en lugares como aquel desde mucho antes de que llegaran los primeros cristianos a Europa. De hecho, desde mucho antes de que María diera a luz a su hijo Jesús.

–¿Y qué hacéis aquí, Gluk?

–Ya os lo he dicho. He sentido cómo la Tierra se ha estremecido en este preciso lugar y he acudido a auxiliarla. Pero al encontraros aquí, veo que mi presencia es menos necesaria de lo que creía. Vuestra milicia ha sido investida de la sensibilidad necesaria para resolver una conmoción como ésta.

---

1. Del celta, «roble».

–No estéis tan seguro de ello –intervino Felipe–. Tenemos una muerte misteriosa que resolver, y lo que es peor, estamos a oscuras sobre los motivos que llevaron a sus enterradores a sepultarlo sin cabeza. El desdichado, además, fue enterrado con un astrolabio como el vuestro, lo que, debo deciros, os convierte en nuestro primer sospechoso.

Gluk ató el saco donde guardaba su preciado instrumento y el libro.

–Ya veo –bajó la vista–. Cayó Blanchefort, ¿verdad?

Aquello sobresaltó a Felipe.

–Veo que lo conocíais.

–Sí. Y si, como decís, le arrancaron la cabeza el asunto es más delicado de lo que imaginaba. Tal vez no sepáis que a muchos iniciados y hasta a dioses del pasado les arrancaban la cabeza si sabían que estaban a punto de poner en marcha cambios que cuestionaran determinado orden establecido. Era la manera de neutralizarlos para siempre. Los míos y yo combatimos desde hace siglos esas poderosas fuerzas negativas que no quieren que el mundo salga de las tinieblas en las que navega. Salomé pidió que Herodes le cortara la cabeza al Bautista; la mujer era una de «ellos». En Egipto, Set despedazó a su hermano Osiris y lo primero que le arrancó fue la cabeza, enterrándola cerca de Nubia; también aquél fue uno de «ellos», al que más tarde llamaríais Satanás, que viene de Set. En Roma, Tarquino el Soberbio, su último rey, encontró en los cimientos del templo a Júpiter que estaba construyendo una cabeza humana, por lo que decidió llamar al lugar «Capitolio» y consagrarlo a la Oscuridad para no perder la suya. Creedme, pues, si os digo que las Sombras han llegado a Chartres más rápido que la Luz a la que vuestra nueva orden representa, y han sacrificado al maestro para regar la Tierra con su sangre y consagrarla a las fuerzas oscuras. Debéis, pues, actuar rápido y cumplir con vuestra misión. ¡Traed nuevos maestros! ¡Y protegedlos!

–Bernardo debe saber todo esto –dijo el escudero.

–Lo sabrá.

El druida se ajustó su capuchón al tiempo que comenzó a recoger cuanto tenía a su alrededor.

–¿Por qué decís eso?

–Vamos, caballero –resopló el druida, atando el saco donde lo guardaba todo–. ¿No fuisteis vos quien jurasteis en Jerusalén que buscaríais y protegeríais las Puertas de Occidente? ¿Acaso no confió el conde de Champaña en vuestra fortaleza para que trazaseis un plan que colocaría sobre cada una de las Puertas un templo que las sellase para siempre? Bernardo sabe tan bien como yo de vuestra iniciación, y confía plenamente en vuestra capacidad de trabajo.

–Pero ¿y cómo vos…?

Jean de Avallon no encontró la frase que necesitaba. Aquel desconocido, que hablaba empleando un estilo arcano y confuso, sabía algo que pertenecía a su círculo más íntimo, y que no había referido ni al mismísimo abad de Claraval, a quien el conde Hugo había responsabilizado de proteger. Ningún «simple» augur hubiera podido hacer un comentario tan preciso sin estar en el secreto.

–¡Oh, vamos! ¿Os sorprende que conozca vuestro juramento?

Gluk miró con fuego en los ojos a un Jean de Avallon tieso como su vara de serpiente.

–Explicádmelo.

–Es sencillo, mi buen caballero. Aunque jamás me hayáis visto, ni tampoco nadie os haya hablado de mí, yo soy uno de los que ha preparado el camino en estas tierras para lo que ha de llegar. Bernardo es otro. El conde de Champaña otro más. Somos como peones en un tablero de ajedrez gigante, y vamos moviéndonos a ritmo lento para allanar el terreno para la más grande revolución que conocieron los siglos.

–¿Y qué ha de llegar, según vos? –le abordó Jean.

–Hacia aquí viene un cargamento que salió de Jerusalén meses después de vuestra marcha y del que jamás oísteis hablar. Ese cargamento está protegido por los hombres con los que compartisteis vuestro destino en la Cúpula de la Roca, y está llamado a renovar un viejo pacto con Dios. A algunos de los que ahora custodian esa carga los conozco desde su infancia, pues debéis saber que también fui instructor de muchos de ellos. Y fueron éstos los que me han referido qué misión fue la que decidisteis aceptar en Tierra Santa.

–Pero cómo… –Jean volvió a atorarse.

—¿Cómo me lo contaron? No os torturéis más, mi amistad con el abad de Claraval y con vuestros compañeros de milicia es más que circunstancial. Ambos compartimos un mismo destino. Sin embargo, yo no lo sé todo. Por ejemplo –hizo un guiño de complicidad–, no imaginaba que vos vendríais esta noche por mí. Y al hacerlo en este preciso lugar, es evidente que os habéis reafirmado en la misión que aceptasteis.

—Mi misión no ha empezado aún –protestó.

—¡Sí lo ha hecho! –replicó el druida–. En la caravana que os acabo de anunciar se custodia toda la información que precisáis para poner en marcha vuestro plan. Sobre vuestros hombros recae la responsabilidad de hacer crecer la semilla que esos carromatos traen en su interior. Es más, ahora sé cuál es mi misión al haber tropezado con vos aquí: prepararos para el delicado momento de la llegada de los libros de la sabiduría. Obras que inspiraron otras como la que habéis visto en mi zurrón, y que hablan de cómo para llegar al cielo hay que tomar puertas desde la tierra.

—Puertas... –se estremeció–. ¿Acaso están aquí?

—¿Aún lo dudáis, caballero De Avallon? ¡Yo os mostraré la que descansa frente a vos!

Lo que ocurrió después le resultó vagamente familiar al templario. El druida alzó sus brazos lo más alto que pudo y pronunció unas frases extrañas, que retumbaron por toda la cripta. Cuando su eco se apagó, y mientras el anciano abría precipitadamente su libro por el centro, una suave brisa acarició sus rostros sumiéndolos en un estado de dulce embriaguez. Jean se resistió, pero cuando notó que comenzaba a «sumergirse» en el mismo zumbido que tres años atrás le hiciera caer de rodillas en otra cripta, la de la Cúpula de la Roca, se rindió. Felipe se tapó los oídos con ambas manos, aunque fue incapaz de resistir demasiado tiempo en pie. Después, atónito, vio caer de bruces al druida, su libro y su vara, y por delante de sus ojos comenzaron a desfilar destellos de un pasado cercano: Gondemar hablando en una lengua que no conocía, el bruto de Montbard levantando su espada al aire tratando de contener aquella furia invisible surgida de sabe Dios dónde, el gigante de Saint Omer con los ojos fuera de las órbitas y el venerable conde de Champaña cerrando los ojos en actitud orante ante el milagroso don de lenguas manifestado al de Anglure.

—¡Padre Santo! —su grito fue ahogado por un zumbido cada vez más poderoso.

—¡Sí! —rugió el druida—. ¡Ascended ahora! ¡La Puerta está abierta!

Fue lo último que oyó de Gluk. El suyo fue un bramido seco, ahogado también por aquel pitido agudo, que enmudeció en cuanto una extraña luz azul les envolvió y les arrancó del suelo. Fue como si un torbellino les arrastrara hacia lo alto. Pero ¿qué alto? A pocos palmos sobre sus cabezas sólo estaba la roca viva de la cripta.

Después, llegó el silencio.

PADRE PIERRE

Sor Inés se quedó de una pieza al abrir la puerta. La madre Cazuelas no podía ni imaginarse quién podría estar martilleando el timbre con aquella insistencia a una hora tan tardía. Lo cierto es que su cara debía ser de órdago, porque el que llamaba dio instintivamente un paso atrás antes de atreverse a articular palabra.

Hasta cierto punto era lógico. El hombre de la gabardina «extranjera» y el bigote recortado al que había estado espiando hacía un rato desde la cocina, estaba ahora allí, plantado frente a ella cuan largo era, y la examinaba de arriba abajo. Eso intimida a cualquiera. Además, la monjita no pudo evitarlo: una ola de calor se instaló en sus mejillas, sonrojándola en un santiamén. «Tranquila, Inés –se dijo–, este hombre no te conoce de nada.» Y disimulando su azoramiento como buenamente pudo, hizo lo imposible por atenderle.

–Dígame –balbuceó sor Inés por fin–. ¿Puedo ayudarle en algo?
–Deseo ver al padre Pierre, hermana.

El visitante, francés sin duda alguna, no ocultó su impaciencia.

–Él no me conoce de nada –añadió–, pero comuníquele, por favor, que se trata de un asunto urgente y que debo verle a la mayor brevedad posible.

La religiosa dibujó la mejor de sus sonrisas, y tras pedirle que aguardara en la puerta a que confirmara la disponibilidad del padre, resopló camino de las escaleras. No tardó mucho en regresar. Al cabo de un par de minutos, sor Inés volvía a abrir la puerta de madera lacada de la calle y, sin más preámbulos, condujo al visitante hasta el despacho del padre Pierre.

Éste, un hombre de envergadura, alto y con un amplio flequillo cano que le caía como una cascada sobre la frente, le tendió la mano nada más verle.

—Perdone el desastre —se excusó—, pero llega usted en un momento un tanto delicado. Cuando estoy escribiendo algo, no hago más que amontonar papeles y libros por todas partes. Luego no me queda tiempo suficiente para ordenarlos y el resultado es este caos.

Aquello empezaba bien, barruntó Michel Témoin. Su interlocutor parecía un hombre abierto.

—No se preocupe —dijo—. Trataré de entretenerle lo menos posible.

—Se lo agradezco.

El padre Pierre se acomodó detrás de la mesa de su despacho y aguardó a que el visitante comenzara a explicarse. Aquel hombre de aspecto impecable, vestido con una soberbia gabardina de Armani, se sentó frente a él, presentándose como ingeniero aeroespacial a sueldo del gobierno francés. «Usted no me creerá —comenzó—, pero me he visto envuelto en un oscuro misterio a raíz de unas fotografías que uno de nuestros satélites obtuvo de esta zona del país.» El ingeniero le explicó cuál era su trabajo, y cómo debía confirmar ciertas emisiones energéticas incontroladas que parecían emanar de un número incierto de templos en toda Francia que habían detectado sus satélites. «Usted no sabrá a qué me refiero, ¿verdad?», apostilló sin moverse de su butaca.

—¿Emisiones energéticas incontroladas? —repitió el padre Pierre, abriendo los ojos como platos—. Aquí vivimos todo el año junto a la basílica de Sainte Madelaine y no hemos notado nada fuera de lo común. Piense que cada día visitan el templo dos o tres centenares de personas, y hasta la fecha.

—Esto debió de ser hace dos o tres días como mucho —le interrumpió Témoin.

—Bueno —el sacerdote se reclinó en su butaca—, yo no entiendo nada de satélites, pero por lo que usted cuenta tal vez todo se deba a una «descarga» puntual, quizá de calor, que sus máquinas captaron por azar en un momento determinado, y que luego se esfumó. Ésta es una zona llena de termas, geológicamente muy activa.

—Ya lo comprobamos y esa emisión se repitió veinticuatro horas después de idéntica manera. No fue algo al azar. Y como le digo, conseguimos fotografiarlo todo. Observe.

El ingeniero sacó del bolsillo la imagen del ERS correspondiente a Vézelay que ya había mostrado a Bremen, y se la tendió al padre Pierre. Éste la tomó con cuidado, desplegándola sobre la mesa. Al principio no supo dónde mirar, pero en cuanto localizó el sinuoso recorrido del río Cure y comprobó la existencia de un asentamiento en una de sus márgenes, se centró. En cuanto ubicó la silueta alargada de la «colina eterna», los restos de su muralla, la disposición en panal de sus calles, el pequeño bosque adyacente al arco de entrada y la plaza donde se alzaba la basílica, el problema se le hizo claro. En efecto, en aquella imagen había algo que no encajaba: ¡Sainte Madelaine no estaba en la foto!

—¿Lo ha visto ya?

El padre Pierre calló.

—Como verá no se trata de una energía sutil e invisible, sino que es algo que ofusca una parte muy concreta de la superficie terrestre y muestra en su lugar esa luminosidad lechosa.

—¿En su Centro no tienen ni idea de qué puede tratarse?

—Hasta ahora, la hipótesis oficial es que se trata de un error de las lentes del satélite. Pero un examen exhaustivo de esa posibilidad la deja fuera de juego.

—Comprendo —asintió pensativo el sacerdote.

—Verá, padre, han sido varias las personas que me han remitido a usted como la persona indicada para solventar este problema. Por eso he insistido en verle.

Pierre Dumont, al servicio de la Fraternidad Monástica de Jerusalén desde hacía veinte años, jamás había visto nada como aquello. Ni como cura ni como radiestesista. Lo que le desconcertaba era la proximidad de aquella visita con la del padre Rogelio horas antes. Recordaba ahora su boca de labios finos y dientes blancos rodeada de su barbita escrupulosamente recortada y afilada. Casi podía oírle diciendo amenazadoramente aquello de «vigilo de cerca a un hombre que pronto vendrá a verle y que le presentará la prueba que me pide».

¿Era aquél el hombre? ¿Y la foto la prueba de la energía diabólica de la que le habló el padre? ¿Y si éste y el egipcio estuvieran de acuerdo Dios sabe con qué oscuras intenciones? Sumido en sus cavilaciones, el padre Pierre volvió a inclinarse sobre la foto del ERS y acariciándose el alzacuellos, murmuró algo.

—Señor Témoin, ¿cree usted en el Diablo?

—Perdón, ¿cómo dice?

El padre Pierre insistió.

—Que si cree usted en el Diablo.

—Bueno, no quiero parecer grosero pero dejé de creer en Dios y en la Iglesia hace algunos años. Supongo que es a causa de mi trabajo, el estrés, las responsabilidades, usted ya sabe.

—Se lo pregunto, porque quienes estudiamos radiestesia sabemos que muchos lugares sagrados fueron construidos sobre enclaves donde existía en el pasado cierta energía telúrica muy intensa. Y esos enclaves, señor Témoin, estaban generalmente asociados con el Diablo.

Pierre sabía que aquella afirmación hubiera deleitado enormemente al padre Rogelio, y aguardó a que surtiera algún efecto en su interlocutor. «De estar compinchados —pensó—, tirará del hilo.»

—¿Radiestesia? Lo siento, pero no sé a qué se refiere.

—¡Oh! —el padre no pudo disimular su decepción—, usted perdone. Ése es el término con el que definimos la disciplina que estudia ciertas corrientes energéticas que surcan la Tierra. Los chinos la conocían como energía *chi*, y no fue hasta el siglo diecinueve que un médico alemán, el doctor Ernst Hartmann, la cuantificó científicamente y estableció una teoría por la cual aseguraba que esas corrientes tenían forma de cuadrícula y se extendían por toda la Tierra como si fueran venas.

—Perdón, ¿y qué pinta el Diablo en todo esto?

—Bueno, en este caso todo se reduce a leyendas. En España, por ejemplo, corrió mucho la fábula de que el rey Felipe II ordenó construir el monasterio de El Escorial sobre una de las puertas del infierno. Sellándola con su imponente edificio, el rey se garantizaba el acceso privilegiado a esa dimensión y el control absoluto de una fuente de conocimientos importante. Hoy, los radiestesistas que han medido esa zona cercana a Madrid han descubierto que por allí discurre una de las líneas telúricas más fuertes de Europa y que la leyenda de la puerta del infierno debió generarse por los efectos que las radiaciones de ese lugar causaban sobre la percepción de los testigos.

El ingeniero puso cara de no creerse nada, lo que terminó de convencerle de que no debía saber nada del padre Rogelio.

—Y eso... ¿se ha estudiado? —preguntó.

—Sí, señor Témoin. Llevo trabajando en ello casi toda mi vida. Los zahoríes usan su especial sensibilidad para captar esas corrientes de modo inconsciente, y la aplican para buscar agua; algunos animales «conectan» con esas redes antes de elegir el lugar donde dormir, e incluso gracias a la aplicación de aparatos electrónicos modernos como oscilógrafos, magnetómetros o contadores Geiger, se han podido detectar y cuantificar sus intensidades.

—¿Y cree usted que eso es lo que hemos fotografiado?

La mirada de Témoin se clavó en los ojos pardos del sacerdote, que no perdía de vista la extraña luminiscencia que cubría Sainte Madeleine en la foto.

—Tal vez —respondió ajeno—. Existen estudios que demuestran que en lugares telúricamente muy activos, donde además suele haber fallas geológicas y movimientos sísmicos de baja intensidad en la corteza terrestre, a veces se generan bolas de luz que llaman *Earth Lights*, luces de la Tierra. Una de esas luces, de considerable tamaño, pudo ser la causa de esta anomalía.

—¿Luces de la Tierra?

—Sí. Se trata de focos de luz producidos por piezoelectricidad, que es la corriente que se genera por el roce de rocas ricas en sílice.

—¿Y son luces que brillan durante mucho tiempo?

—Su vida es de apenas unos segundos.

—Ya.

—Bueno —añadió, dándose algo de bombo—, hay otra posibilidad.

—Usted dirá.

El sacerdote tomó de nuevo la imagen de Vézelay vista desde el espacio y gesticuló moviendo su dedo índice en el cielo.

—Nuestro planeta es un emisor natural de ondas de radio. Generalmente son de baja frecuencia y totalmente ininteligibles, pero si esa emisión se hace a través de piedras que condensan bien la energía como, digamos, el cuarzo, pueden alterar su frecuencia y quizás podrían ser captadas desde el espacio exterior como si fueran una señal inteligente. Ahora bien, ¡sería cosa del mismísimo Diablo juntar lugares telúricos y cuarzos, y poder controlar esa emisión como si fuera Morse!

–Bromea, claro –dijo Témoin muy serio.

–Naturalmente –sonrió el padre–. Por cierto, dígame una cosa, ¿se fijó si alguno de los puntos fotografiados por su satélite presentaba un nivel de luminosidad mayor que los demás?

–Quizá Chartres. Tal vez Amiens. ¿Por qué lo pregunta?

–Entonces, sin duda uno de esos lugares debe de ser el foco, la fuente. Si no me equivoco, el resto de luminosidades que fotografió su satélite se debieron activar como si fueran bombillas conectadas a una misma red eléctrica. Si quiere saber los porqués, deberá viajar hasta allá y confirmar cuál es el emisor principal. A fin de cuentas, Vézelay debe de ser sólo un pálido reflejo de esa red principal.

–Pero usted habla de una energía terrestre, telúrica dijo, y lo que más me extraña es que esos puntos tienen forma de constelación si se aplican sobre un plano de Francia. Recuerdan a Virgo. De igual modo, sé que Vézelay es la más exterior de las abadías benedictinas de la Champaña que imitan la Osa Mayor. ¿Eso no le parece significativo?

–Tal vez –respondió el padre sin inmutarse por aquellas revelaciones.

–¿Tal vez?

El padre Pierre no pestañeó.

–Tal vez, he dicho. Por si le sirve de algo, yo sí creo en el Diablo.

FUGIT

Nadie se dio cuenta de la desaparición de Jean de Avallon hasta bien entrada la mañana del 24 de diciembre. ¿Desidia? No. La razón, sin duda, había que buscarla en la tranquilidad que anidaba en el corazón de los monjes desde que se supieron dentro de los muros de Chartres; allí dentro, la protección de un guerrero no era tan necesaria como en los caminos, y a buen seguro no requerirían de él para casi nada a menos que decidieran regresar pronto a Claraval.

El primero en darse cuenta de que algo no marchaba bien fue el hermano Alfredo. Responsable último de la cocina de los frailes, necesitaba de un hombre fuerte y joven como De Avallon para mover el pesado armario en el que pensaba guardar los alimentos de la cena de Nochebuena. Fue al ir a buscarlo a su alcoba cuando encontró que ésta estaba desierta. «Qué extraño –pensó–, nunca se ausenta sin avisar.» Fray Alfredo lo buscó por todas partes, y aunque tenía el absoluto convencimiento de que no debía de andar muy lejos (sus armas estaban todas apiladas, en orden, en su aposento), fue incapaz de dar con él. Su montura, sus ropas, y todos los enseres que lleva un caballero, incluyendo el sagrado estandarte bicolor de su orden, estaban en su lugar. Ningún caballero saldría sin ellos.

A la hora sexta, cuando el sol estaba en lo más alto del cielo, no sólo fray Alfredo sino todos los monjes y mozos de cuadras lo buscaban por los alrededores, gritando su nombre. Junto a él, además, había desaparecido Felipe, lo que no podía ser más que otra señal de que algo funesto les había ocurrido. Jamás caballero y ayudante hubieran desaparecido sin dar cuenta de sus intenciones de viaje al abad.

Pero ¿acaso no habían sido ambos los comisionados para investigar la muerte y mutilación de Pierre de Blanchefort? Los rumores, claro, se dispararon antes de empezar la tarde.

Al no encontrarse ni rastro de ellos en las caballerizas o en las tiendas del pueblo, comenzó a extenderse el rumor de que el asesino del maestro de obras podría haber dado cuenta de los dos hombres aprovechando un descuido. Lo peor era que eso sólo podía significar una cosa: que el criminal era alguien muy cercano a ellos, y que debía conocer sus momentos de debilidad antes de atacar. Pero ¿y sus cuerpos? «Aparecerán flotando en el río», decían unos. «O enterrados junto a algún requiebro del camino», murmuraban otros, persignándose.

Según transcurrían las horas, la desazón fue instalándose en el corazón de los monjes. Nadie les había visto salir de sus aposentos durante la noche, ni habían cruzado con ellos palabra alguna que permitiera sugerir la intención de acudir a algún lugar para continuar su investigación. Sencillamente —concluyeron— era como si se los hubiera tragado la tierra.

El abad de Claraval, cada vez más consternado, no salió de sus aposentos en toda la jornada. No probó bocado, hasta que, finalmente, temiéndose lo peor, mandó escribir una nota para que fuera entregada al obispo Bertrand, en la que le daba cuenta de los hechos.

Lo meditó mucho, pero finalmente se decidió. Dado lo mucho que se había sincerado con él el obispo durante su última conversación, y que le consideraba ya un aliado contra el Enemigo, no tenía otra alternativa.

«Me atrevo a importunarle por este medio —dictó a uno de sus frailes de confianza—, porque tengo suficientes razones para creer que los dos hombres que se hacían cargo de nuestra protección militar han podido correr la misma suerte que su maestro de obras. Llevamos buscándolos desde esta mañana en los alrededores de esta casa, y hasta ahora lo único que hemos encontrado fuera de lugar ha sido un cirio casi deshecho en la cripta que tan funesto recuerdo nos trae sin duda a ambos. No es mucho, cierto, pero dado que nadie se ha responsabilizado aún de haber bajado hasta allá la cera, mis temores se multiplican. ¿No fue vuestra eminencia quien dijo que su maestro de obras se volatilizó en aquel mismo lugar? ¿Y no fue a su regreso cuando éste enfermó y murió?»

Bernardo tosió antes de continuar, enjugándose el sudor nervioso que se acumulaba en sus sienes. A renglón seguido, el abad ordenó añadir lo siguiente: «Os ruego que mantengáis vuestra cripta sellada, para evitar que estas desgracias puedan volver a repetirse antes de concluir nuestra investigación. Me inclino a pensar que el Diablo anda tras estas calamidades, y como ya le dije, el único remedio es poner piedras sobre el lugar de acuerdo a los planes de Dios que ya vienen de camino. Suyo afectísimo. Bernardo».

Después de plegar cuidadosamente la pieza de papel dictada y estampar sobre la mancha caliente de lacre su sello personal, entregó aquel escrito al padre Andrés para que lo llevara personalmente al obispo. Éste, obediente, inclinó la cabeza en señal de sumisión, aunque no pudo evitar su sorpresa ante aquellas extrañas revelaciones.

—¿Le hará caso, padre? —preguntó el fraile antes de abandonar la alcoba del abad, aun a riesgo de pecar de indiscreto.

El abad no se inmutó.

—Más vale, hermano —le respondió lánguido—. De lo contrario, y si no nos da tiempo a iniciar nuestra obra según lo planeado, el Mal podría extenderse libremente por la Tierra durante los próximos mil años. ¿Lo imagina? Un milenio de terror.

—¡Ave María Santísima! ¡Mil años!

Y el fraile desapareció a toda velocidad.

GLORIA

Los equipos instalados en el interior de aquel monovolumen de cristales tintados con matrícula de Barcelona, no cometían errores. Tanto los receptores de ondas ultracortas con microamperímetro, como el ohmiómetro o el magnetómetro de resonancia de protones, arrojaban la misma e inequívoca lectura. Aparcado a apenas trescientos metros de Sainte Madelaine, justo detrás del llamado camino de San Bernardo, el vehículo hizo centellear sus luces en cuanto apareció una familiar silueta descendiendo entre las encinas.

El padre Rogelio apretó el paso hacia la furgoneta, saludó a la cabina sin poder ver quién estaba en su interior, y descorrió la puerta lateral sin titubear. Una vez dentro, atento a las pantallitas de fósforo verde que marcaban las subidas y bajadas del nivel de intensidad de los campos controlados, suspiró. «Ningún cambio, ¿verdad?», preguntó. Uno de los dos operarios, un nubio fibroso con la cabeza rapada, le respondió escuetamente que no. A continuación, el padre tecleó un par de comandos en el ordenador de a bordo y aguardó a que en la pantalla se dibujara la gráfica comparativa con todas las mediciones de la jornada.

—¿Recuerdas desde cuándo llevan comportándose así?

—Desde hace dos días. El primero en dar la alarma fue el antiguo oscilógrafo 308 que siempre llevamos encima.

—Comprendo.

Ricard, un técnico catalán experto en telecomunicaciones, se ajustó sus lentes de culo de vaso antes de continuar su explicación. Había pasado toda la noche sin pegar ojo y lucía una densa barba de dos días que afeaba su rostro de luna.

—Ustedes estaban en lo cierto —Ricard sonrió mientras se desperezaba en su butaca—. Hace cuarenta y ocho horas una serie de puntos en Francia y España, especialmente en el cuadrante noreste, comenzaron a fluctuar de forma espectacular. No sé cómo lo averiguaron tan pronto ni a qué puede ser debido ese incremento de actividad telúrica, pero aquí se está preparando algo muy gordo. Lo que me cuesta entender es por qué el CNES no ha tomado aún cartas en el asunto.

—Mejor así —le atajó el padre mientras se quitaba su birrete y dejaba al aire un pelo recogido con horquillas, negro como la pez; antes de dejarlo sobre el salpicadero, añadió algo—: Por cierto, ¿tuvo éxito Gloria en su trabajo?

El nubio miró para otro lado, mientras Ricard forzó unas toses como si tratara de ganar tiempo para encontrar la respuesta adecuada.

—No del todo —dijo—. Verá, tal como usted ordenó, entró en la habitación de Témoin haciéndose pasar por su mujer. Rebuscó en todo su equipaje sin deshacerlo demasiado y no halló ni rastro de las fotos. Seguramente se las llevó consigo.

—Y a usted, ¿qué tal le fue con el padre Pierre?

La pregunta de aquel negro de metro ochenta tronó en la furgoneta desde la parte delantera. El catalán agradeció el gesto.

—Le advertí, pero no me hizo demasiado caso.

—¿A qué debía hacerle caso? —insistió el nubio, que se llamaba Gérard y era hijo de inmigrantes egipcios afincados en Lyon desde hacía dos generaciones.

—Por supuesto, a mi aviso de que puede verse salpicado por el estallido de la Fuerza.

—¿Y no le habló de las Tablas?

Encorvado aún sobre la consola donde estaban empotrados todos los sistemas de detección del vehículo, el padre Rogelio volvió su barba puntiaguda hacia Ricard, como si mirándolo fijamente pudiera fundirlo allí mismo.

—¿Y ponerle sobre aviso de su existencia? No, hermano. Nada de eso. Tu trabajo es encontrarlas y trasladarlas a nuestro monasterio... y basta.

—¡Tablas! ¡Tablas! —gruñó Gérard—. ¿Qué importancia científica pueden tener hoy unas tablas de tres mil años? Seguro que en Santa

Catalina ustedes ya tienen los textos copiados en alguna parte, y estamos aquí perdiendo el tiempo.

—No has comprendido nada. La última vez que estas Tablas escaparon a nuestro control se alteró el orden de las cosas que estaba previsto desde los tiempos de los primeros cristianos y aún antes. Lo que sirvió para construir templos en honor de Dios en un tiempo, de repente se adulteró y comenzó a inspirar el alzado de obras profanas, sin sentido religioso alguno o, aún peor, con intereses heréticos detrás. Y toda esa información —prosiguió— estaba en las Tablas.

Gérard torció el gesto, pero escuchó al sacerdote.

—De alguna manera, fragmentos del saber contenido en las Tablas que tan a la ligera te tomas, trascendieron al control de los caballeros del Temple y se extendieron por toda Europa.

—¿Y qué importancia tiene?

—¡Blasfemo!

Una sonora bofetada enrojeció el rostro de Gérard. El padre Rogelio, encendido, prosiguió.

—Si hubieras estudiado los textos del escritor renacentista Marsilio Ficino hoy sabrías que desde el siglo dieciséis hasta hoy comenzaron a construirse monumentos y hasta ciudades enteras que imitaban determinadas estrellas de las que pretendían atraer sus favores. Fueron pensadas como talismanes gigantescos, similares a los Templos de Dios, pero que en verdad eran ofensas titánicas a la sabiduría del Altísimo y a su deseo de ser el Único Dios verdadero.

—¿No cree usted que exagera? A fin de cuentas, si las Tablas son obra de Dios, sólo a Él puede honrar lo que se construyera con ellas, ¿no?

Ricard trató de apaciguar al padre.

—No, mi querido Ricard, no exagero. Si aquel conocimiento filtrado fue capaz de mutar una sociedad entera, haciéndonos salir de un modelo teocéntrico y entrar en un modelo antropocéntrico como éste, ¡imagina qué sucedería si hoy cae en manos no deseadas la fuente original de ese saber!

Un crujido interrumpió al padre. Era la puerta lateral de la combi que se deslizaba sobre sus guías. La curvilínea silueta de Gloria, que regresaba de su visita a *La Palombière*, se asomó al interior del vehículo. Sin decir palabra, movió su mano para saludar a Ricard y al nubio, y besó ceremoniosamente el anillo del padre Rogelio.

—¡Se va! —dijo a continuación.

—¿Se va? ¿Quién se va? ¿Témoin?

La afilada perilla del sacerdote se arrugó antes de formular una tercera pregunta.

—¿Y adónde?

—A Chartres. Eso es lo que dijo a la dueña del hotel al pagar la factura.

—¿Le pusiste un micrófono? —preguntó.

—Sí. En la maleta. Y lleva incorporado un localizador bastante potente que nos permitirá seguirle siempre que nos mantengamos en un radio de menos de diez kilómetros de distancia.

Gloria era la predilecta del padre Rogelio. Aquella criatura, con veintidós años recién cumplidos, no sólo era una profesional eficaz, sino que trabajaba sin dejar que su conciencia chirriara por nada. Era evidente que el obispo Teodoro, en su infinita sabiduría, había escogido el equipo más adecuado para apoyarle en su misión en Francia.

ORLÉANS

Con las mujeres nunca se sabe. O, al menos, eso debió de pensar Michel Témoin mientras deambulaba entre los coches aparcados junto al McDonald's situado en la autopista hacia Chartres. Llevaba muchos meses sin ver a Letizia, y la sola perspectiva de acercarse de nuevo a ella le ponía nervioso como un colegial. Aunque sabía que lo suyo no iba a poder arreglarse, el simple hecho de volver a sentir el mismo cosquilleo en el estómago que cuando la esperaba a la salida de la Facultad le devolvía a sus años jóvenes. ¿Habría cambiado mucho?

Con Letizia esa pregunta era vana. Le gustaba estrenar peinado casi cada semana; sus uñas siempre mutaban de color en el momento menos esperado y su carácter –¡ay, su carácter!– era de los que realizaba giros copernicanos al menor atisbo de inestabilidad en su interlocutor. Por eso necesitaba rodearse de hombres con carácter, que no le dieran pie a tanto cambio y la mantuvieran más o menos estable en medio de su tempestuoso océano interior.

Aunque la puntualidad no era, precisamente, una de sus virtudes, esta vez casi no tuvo que esperarla. Un BMW gris perla aparcó junto a él a la hora convenida, dejando salir a una Letizia mucho más bella de lo que era capaz de recordar. Sin duda, se trataba de una de esas mujeres por las que el tiempo parece pasar de largo. De muslos largos y blancos, pelo rubio –gracias a Dios no lo llevaba teñido– y maneras suaves, Letizia formaba parte del selecto club de hembras que se deleitan moviendo su cuerpo con la misma precisión con la que una cobra domina sus anillos. Vestía además un fino traje rojo de tirantes que dejaba desnudos aquellos hombros que Témoin tantas veces amó, y que dibujaba a la perfección sus ondulantes contornos.

Letizia saludó a Michel con un beso en la mejilla, se excusó por no haberle llamado al hotel de Vézelay —«no encontré nada interesante para ti», dijo— y le tomó del brazo para guiarle hasta el interior del McDonald's.

—Vaya un sitio para reencontrarnos, ¿eh? —protestó divertida.

Michel dejó su cartera de mano a un lado, pidió un descafeinado largo con leche, y ella un té con limón. Se sentaron el uno frente al otro, junto a una de las enormes vidrieras del establecimiento, y comenzaron a hablar. El único pacto que fijaron fue no hablar de sus vidas sentimentales, y en especial de Marcel. «Te dolería», vaticinó Letizia.

—¿Y bien? —le preguntó mientras soplaba su taza hirviendo—. ¿Qué te trae por aquí? ¿Ya no te aguanta el cascarrabias de Monnerie a su lado?

—¡Aún te acuerdas de ese bastardo! —exclamó.

—¿Y cómo no acordarse? Le veía casi más que a ti. En el CNES era quien me atendía siempre, y el único que tenía la deferencia de acudir a mis conferencias en la Universidad.

—Era el jefe, y disponía mejor de su tiempo que los empleados como yo.

—¡Bobadas!

—Bueno —susurró Michel tratando de no irritar a aquella belleza. Era evidente que discutir con Letizia le resultaba aún más fácil que hablar—. Hablemos de otras cosas, ¿quieres?

—Claro —aceptó—. ¿Viste al padre Pierre, como te dije?

—Sí, claro que le vi. Estuvimos hablando del Diablo y poco más —mintió Michel—. Y la verdad es que no pudo aclararme casi nada de lo que le pregunté. Me pareció un personaje de lo más extraño.

—¿Extraño? ¡Vamos, Michel! ¿Te llegó a enseñar las reliquias de María Magdalena? ¡Eso sí es extraño!

—No hubo tiempo. Tampoco sabía que estaban allí.

—¿Y por qué crees que se llama a esa basílica Sainte Madeleine? Muchos sostienen que en ese lugar fue enterrada la que fue la primera testigo de la resurrección de Jesús, aunque ese honor se lo estuvieron disputando con la iglesia de Saint-Maximin, en Provenza, durante un par de siglos. Hoy esas reliquias están tras unas rejas, en la cripta, y generalmente es una de las cosas de las que más presume el padre Pierre.

—Así que... ¡vete a saber de quién son esos huesos!

Letizia se mordió la lengua. Si había algo que le irritaba de su ex compañero era el desdén con el que se enfrentaba a cualquier conversación sobre historia.

—Mira —bufó—, no sé qué es lo que estás estudiando para el CNES, o por qué huyes de Monnerie, pero si lo que llevas entre manos es una investigación sobre la Edad Media, tendrás que irte acostumbrando a algo: en aquella época lo importante no era si los hechos que se narraban en un lugar eran históricos o no, lo importante era el símbolo que encerraban.

—Está bien —aceptó el ingeniero—, no discutamos por eso. Pero yo no huyo de Monnerie.

—Lo que tú digas.

Michel se arrellanó en aquella silla de cuero falso antes de cambiar de tema.

—¿Y qué símbolo, según tú, encierra la leyenda de la Magdalena?

—Aunque te suene extraño, tiene mucho que ver con Egipto.

—¿Ah sí?

—¿Te extraña?

—Bueno, parece que, en efecto, existen algunas reminiscencias egipcias en el cristianismo de esa época. Y en especial en Vézelay.

Témoin apuró su descafeinado de un trago, murmurando algo entre dientes que ella no acertó a comprender. Tal vez un nombre propio. Lamentablemente para su relación, nunca habían hablado demasiado de historia —¡ni de tantas cosas!—, quizás porque en ese terreno Michel se sentía inferior. En realidad al ingeniero no le había interesado demasiado hurgar en las desgracias de gente que llevaba muerta más tiempo de lo que tenía intención de contar. Sin embargo, que Letizia aludiera a Egipto, como Bremen —el «guía oficioso» de Vézelay— lo hiciera antes frente al pórtico de Sainte Madelaine, le puso en guardia. Apretó los dientes para no meter la pata y aguardó una explicación.

Letizia le describió con detalle que según una leyenda provenzal muy extendida, al morir Jesús en Palestina, María Jacobé (la madre de Santiago el Menor y san Judas), María Salomé (madre de Santiago el Mayor —el de Compostela— y de san Juan Evangelista), María Magdalena, Marta, Lázaro (el resucitado) y algunos otros, fueron arrastrados hasta la Provenza en una barca desprovista de velas y remos. Atracaron en un puerto llamado antiguamente Ra, cerca de la actual Marsella, y por donde al parecer se había introducido el culto a las vírgenes negras en Francia, que no eran otra cosa que estatuas de Isis con Horus en el regazo importadas desde Alejandría. Tras su desembarco, el lugar cambió de nombre varias veces y hoy se lo conoce como Saintes-Maries-sur-la-Mer.

—Insisto —machacó Témoin—, ¿qué simbolismo extraes de esa leyenda?

—Es fácil deducir que una fuerte corriente religiosa egipcia penetró en Francia hace dos mil años y se mantuvo en la zona durante siglos; después, asimilada por varias herejías como la cátara, la albigense, y hasta por órdenes como los templarios, renació entre los siglos once y trece coincidiendo con el nacimiento del arte gótico. Es muy posible, pues, que la técnica constructiva gótica aplicada a las catedrales arranque de esa misma religión secreta, pues su base matemática es idéntica a la empleada en los templos del Egipto del Imperio Nuevo. Hoy sabemos que los sacerdotes egipcios eran matemáticos de primer orden.

Témoin decidió arriesgarse, y abordó a Letizia por otro lado.

—¿Y tú sabes si los egipcios construyeron monumentos para imitar constelaciones en el suelo?

—¡Vaya! Extraña pregunta viniendo de ti —sonrió—. La respuesta es sí, definitivamente sí.

—Por favor —rogó.

—No es algo que resulte extraño a nadie que conozca la antigua religión egipcia. Los *Textos de las Pirámides*, por ejemplo, esculpidos en las paredes de monumentos de hace 3.400 años en la zona de Sakkara, relatan con detalle que cuando el faraón moría, su alma se elevaba hasta convertirse en una estrella. Los egipcios creían que se dirigía primero al Duat, un lugar del firmamento que hoy identificamos con el cinturón de la constelación de Orión, y que era la puerta al Amenti, al más allá.

—¿Una puerta?

—En sentido figurado, claro. Los faraones difuntos emprendían a partir de ese lugar un viaje lleno de peligros para demostrar que su alma era pura y que podían aspirar al honor de convertirse en estrella.

—Conozco algo de la leyenda de Toth pesándole el alma antes de decidir si enviarlo a las fauces de un monstruo o al cielo —repuso Témoin.

Los ojos de Letizia se iluminaron.

—¡Exacto!

—Pero no entiendo qué relación tiene eso con sus monumentos.

—Verás: según una teoría muy reciente,[1] las tres grandes pirámides de la meseta de Giza, vistas desde arriba, presentan la misma orientación y proporciones que las estrellas del Duat de Orión. Es como si hubieran querido imitar sobre el suelo esa puerta al más allá, quizás con la idea de disponer de un recinto iniciático en el que enseñar al faraón lo que debía hacer cuando iniciara su viaje eterno.

—Suena convincente.

—Desde luego. Bajo ese punto de vista, las pirámides serían como máquinas de resurrección. Instrumentos pensados para revivir al faraón, como Isis hizo revivir a Osiris tras reunir todas las partes de su cuerpo, despedazadas por su hermano Set. Allí se entrenaba al faraón para su viaje, y desde allí, a través de unos pequeños canales abiertos en la Gran Pirámide, se «catapultaba» el alma del rey, su *ka*, hasta las estrellas.

Michel hurgó un momento en su cartera tratando de extraer algo. Finalmente, una carpeta de cartón marrón, con varias imágenes tamaño Din A3 en su interior, surgió de entre el amasijo de papeles y cuadernos que custodiaba.

—¿Te acuerdas de *Les mystères de la Cathedrale de Chartres*?

---

1. Deben consultarse las obras de Robert Bauval *El misterio de Orión* (con Adrian Gilbert. Emecé, 1995) y *Guardián del Génesis* (con Graham Hancock. Planeta/Seix Barral, 1997).

Letizia dudó.

—¿Te refieres a uno de los libros que te quedaste en tu casa?

—Lo dejaste —puntualizó de inmediato—. Pero sí, es ése.

—Si te digo la verdad, no lo leí. ¿A qué viene ese interés?

—Es una lástima, porque en él se cuenta que los constructores de las primeras catedrales góticas francesas, en realidad todas las construidas hasta 1250 con la irrupción de la Inquisición, se levantaron imitando en el suelo la constelación de Virgo, la virgen. ¿Te resulta familiar?

—Claro —balbuceó—. Pero ¿a santo de qué te preocupas tú por una cosa así?

—Porque uno de nuestros satélites fotografió extrañas emisiones de microondas procedentes de esos monumentos. Seguimos sin saber por qué, y por eso voy a Chartres, para tratar de averiguarlo. ¿Lo ves? Se puede ver en estas tomas.

Letizia, como antes hiciera François Bremen o el padre Pierre, se inclinó sobre las imágenes del ERS-1 tratando de emplazar la misteriosa emisión a la que se refería el ingeniero. Se colocó unas gafas de vista cansada que extrajo de su pequeño bolso rojo, y paseó su mirada por las tomas que Michel había extendido frente a ella.

—¿Conoces algún «efecto» arquitectónico que pueda provocar esta clase de emisiones?

Ella le miró a los ojos, sorprendida.

—¿Bromeas? El ingeniero no soy yo.

Témoin negó con la cabeza, como si desaprobara aquel comentario.

—Supongo que el padre Pierre te pondría al día de sus investigaciones sobre radiestesia —continuó Letizia—. Yo fui alumna suya, y él nos enseñó que los antiguos sabían que cada figura geométrica, debidamente manejada, emite su propia vibración. Se trata de vibraciones sutiles, que hoy llaman ondas de forma, pero que dudo puedan ser captadas desde el espacio.

—¿Insinúas que las catedrales son figuras geométricas gigantescas?

—Están hechas usando combinaciones infinitas de ellas.

—¿Y qué otra posibilidad hay?

—No muchas —dudó Letizia—. En la antigüedad no se habla de muchos objetos capaces de irradiar microondas, la verdad. Sin embargo...

–¿Sin embargo?

–Bueno, es sólo una posibilidad. En las catedrales de Chartres y Amiens se muestra en sus fachadas un relieve que representa al Arca de la Alianza. Es como si quisieran decirnos que las catedrales representan el nuevo pacto con Dios, y que ellas son la última versión del «vehículo» para comunicar con la divinidad, tal como servía el Arca.

–¿Y bien?

–En el *Éxodo* se pone mucho énfasis en el poder del Arca. Nadie podía acercarse sin tomar las medidas oportunas, o vestido de metal, a riesgo de caer enfermo o calcinado en el acto. Suena a radiactividad, ¿no crees?

–¿Y dónde está el Arca?

–Ésa es la cuestión, nadie lo sabe. Unos creen que fue robada en tiempos de Salomón y llevada a Etiopía; otros, que se la llevó Tito en el año 70 d. C. cuando los romanos saquearon Jerusalén y se llevaron el ajuar del Templo de Salomón, Menorah o candelabro de los siete brazos incluido. Hasta se señala a los templarios como los responsables de su hallazgo, que se cree pudieron haberse traído a Francia en secreto.

Témoin miró a Letizia fascinado. Bella e inteligente, volvía a tener su corazón en un puño.

–¿Tú por cuál te inclinas?

–Imposible saberlo.

–Yo por la última. Es una corazonada, lo sé, pero buscaré en Chartres.

–¿Podré acompañarte?

Michel, atónito, la perforó con la mirada.

–Bueno –admitió Letizia–, no me gustaría que descubrieras algo en Chartres y yo no estuviera cerca para verlo. Además, creo que podré serte útil.

–¿Y Marcel?

–Quedamos en no hablar de eso. ¿Recuerdas?

INTRA NOS EST[1]

Un vértigo extraño se había apoderado del estómago de Jean de Avallon. En realidad, aquello iba mucho más lejos de la simple desazón física: el vértigo se había hecho con el control de todo su cuerpo. Ni sus músculos, ni su voz, ni la fuerza de sus manos anchas y fuertes respondían a sus desesperados requerimientos. Durante unos interminables segundos, flotando en medio de la nada, el caballero luchó denodadamente por orientarse y clavar sus botas sobre algo firme. Pero fue imposible. Aquella especie de torbellino le había arrancado de la tierra y lanzado por los aires venciendo el techo de roca viva de la cripta de Chartres de un modo que no acertaba a explicarse.

¿Qué clase de prodigio era aquél?

El templario, ingrávido aún, no tuvo tiempo para hacerse muchas cábalas más. «Algo» o alguien le había despojado violentamente de su manto y de cuantos objetos metálicos llevaba encima (una hebilla, su daga árabe, un broche, dos cierres para sus botas y un brazalete de cobre que adquirió en Antioquía). Gluk o Felipe no habían sido. De hecho, les había perdido irremediablemente de vista nada más ser atrapado por aquella columna de fuego. ¿Dónde estaban? ¿Habían sido capturados también ellos por aquella fuerza sobrehumana? ¿Era Dios o el Diablo quien jugaba de esa manera con ellos?

Cuando su cuerpo dejó de girar como una peonza y pudo recuperar el equilibrio, lo primero que notó el de Avallon fue un extraño y penetrante olor que manaba de todas partes. Sólo entonces sintió el

---

1. Del latín, «está entre nosotros».

suelo bajo sus pies. Poco a poco, como si todo hubiera sido un mal sueño, la situación fue tornando a la normalidad: el pitido penetrante que le había abatido en la capilla, la sensación de ser zarandeado por firmes telas de seda, y hasta la fuerza que le impedía abrir los ojos mientras ascendía, desaparecieron al unísono, decreciendo de intensidad. La pesadilla había terminado. O tal vez no.

De rodillas, con las manos apoyadas sobre un suelo liso y frío, el templario comenzó a tomar conciencia de su situación. Todo parecía normal, en efecto, pero pronto se dio cuenta de que los muros de sillería del ábside no estaban ya donde los había visto por última vez. Faltaba el altar, y las hornacinas abiertas en el muro, y el sagrario.

¿Dónde estaba ahora?

Cuando, por fin, pudo echar un vistazo a su alrededor con los ojos bien abiertos, Jean descubrió algo terrible. Las toscas paredes de la cripta, el altar y hasta la Virgen negra que presidía el templo, se habían esfumado. Aislado, sin rastro de Gluk o de Felipe, Jean contempló sobrecogido el extraño recinto en el que parecía atrapado. Se encontraba en una estancia amplia, de paredes redondeadas, sin fisuras, puertas, o junturas entre sus bloques inexistentes. Todo parecía hecho de una pieza, como si estuviera preso dentro de una jaula de metal. Allí no había tampoco ni un mal mueble sobre el que echarse, y la luz, un brillo mortecino y constante, parecía surgir de los propios muros que le confinaban.

—¡Salve! —gritó dos veces—. ¿Hay alguien?

Nadie respondió. De hecho, sus palabras ni siquiera sonaron con la fuerza acostumbrada.

Un tanto confundido, Jean de Avallon volvió a vociferar otra vez, con más ímpetu aún, su saludo. Tampoco esta vez obtuvo ningún resultado. Y lo que era peor: comenzaba a ser consciente de que estaba a merced de sus captores, si es que de captores se trataba.

Tiritando, acuclillado y con los nervios visiblemente alterados, el caballero recordó entonces los poderosos hechizos de los druidas. ¿Acaso le había engañado Gluk y confinado a una de aquellas tierras sin tiempo que cantaban los trovadores? ¿Tenía Felipe razón al sospechar del druida y había caído en una emboscada? O aún más, ¿no estaría, por ventura, preso en aquel lugar maldito que los campesinos de la Beauce, alrededor de Chartres, llamaban Magonia, y de donde decían provenían los demonios que aterrorizaban a sus hijas vírgenes y destruían sus cosechas?

Jean trató de calmarse.

Recordó su juramento de lealtad a la orden de los Pobres Caballeros de Cristo junto a la Roca de Abraham, y buscó en los pliegues de sus recuerdos la fórmula para revestirse con la coraza de la fe a la que tan a menudo se refería Bernardo. ¿Qué otra cosa podía hacer? Sin espada o escudo, sin su cota de malla o su maza, tan sólo podía confiar en la fortaleza que entrega Dios a cada hombre para que se enfrente al Mal.

Fue al cerrar los ojos y comenzar a formular sus oraciones en aquel espacio vacío, cuando oyó una frase alta y clara que retumbó en su cabeza.

—¿También vos combatiréis a nuestro Dios?

Jean se sobresaltó.

—No temáis –dijo–. Soy Gabriel, el favorito de nuestro Señor.

Una voz metálica, sobria, comenzó a hablarle como si le conociera, expresándose de forma tan contundente y segura que el caballero no se atrevió a interrumpirla.

—Soy aquel que anunció a María que la Semilla del Divino germinaría en su seno, y quien se apareció en sueños a José para que huyeran de Herodes hacia Egipto. ¿Vais a enfrentaros a mí como lo hizo Jacob?[1]

El templario, aturdido, abrió los ojos tratando de encontrar el lugar de donde provenía aquel torrente de palabras. Fue inútil. Allí, en su jaula sin rejas, no había nadie. Un turbio pensamiento cruzó en-

---

1. La pregunta de Gabriel desvela uno de los enigmas más ásperos del Antiguo Testamento. Me refiero, claro está, al pasaje del Génesis (32, 24-32) en el que Jacob se enfrenta durante toda una noche con un ángel. Tras forcejear sin descanso, al llegar el alba el ser divino le pidió al patriarca que le dejara marcharse. Éste consintió sólo si era bendecido por el extraño y le revelaba su identidad. El ángel accedió a lo primero, pero no a lo segundo, y le dijo: «No te llamarás en adelante Jacob, sino Israel, pues has luchado con Dios y con hombres y has vencido». Como digo, se trata de uno de los episodios más misteriosos de la Biblia.

tonces por su mente: ¿y si estaba muerto? ¿Y si estuviera en la antesala del Paraíso?

De repente, Jean recordó el pasaje bíblico al que parecía aludir aquella voz. Se refería a un episodio en el que el patriarca Jacob creyó morir a manos de un ángel de Yahvé, y aunque le atizó un golpe severo en la articulación del muslo que le dejó cojo, el tenaz hebreo resistió. Es más, Jacob aún vivió lo suficiente para contemplar la Escalera de Yahvé hacia los cielos mientras marchaba camino de Harrán y aunque las escrituras no lo dijeran, tuvo el valor suficiente de ascender por ella y contemplar lo que la mayoría de los mortales sólo admiran tras desprenderse de su cuerpo mortal. ¿Qué quería decirle entonces la voz? ¿Que debía combatirle? ¿Y dónde debía buscarle?

—No, Jean de Avallon, no me busquéis con los ojos del cuerpo —volvió a tronar aquella voz poderosa—. Buscadme con los del alma y me encontraréis.

—No os entiendo —dijo susurrando, como si temiera que el ángel le escuchara.

—¿No sabéis por qué os he traído hasta aquí? ¿Y por qué os he separado de vuestro escudero y del druida?

El caballero no respondió.

—Os he subido al mismo lugar que antes hollaron hombres santos como Enoc y Ezequiel, o el propio Jacob. Vos me recordáis mucho a este último: sois igual de testarudo que él, igual de torpe con los sentidos del cuerpo y con los sentimientos. Pero, a diferencia de aquél, vos ya sabéis, porque habéis sido iniciado en ello, que incluso otros como Mahoma accedieron a este recinto y gozaron en él de las maravillas de la creación. Os he traído, pues, para revelaros algo de la mayor importancia; algo que deberéis transmitir fielmente después a vuestros semejantes, pero no con palabras sino con Obras.

Un escalofrío recorrió la columna vertebral del desconcertado templario. Por más que se esforzaba en tratar de localizar la fuente desde donde brotaba la voz, le seguía siendo imposible localizar a su interlocutor.

—¿Tiene que ver lo que decís con la búsqueda de las Puertas de Occidente que me encargó mi señor, el conde de Champaña?

Esta vez, como si intuyera los propósitos de su cautivo, la voz del ángel tardó en responder. Cuando tronó de nuevo, Jean de Avallon sólo escuchó un monosílabo fuerte y directo.
—¡Ved! —dijo.
Aquella palabra se alargó más de la cuenta, como si rebotara en aquellas paredes redondas y se dilatara hasta el infinito. Sobre uno de aquellos muros blancos, justo delante de él, comenzó a brillar un punto luminoso que, de repente, transformó la luz tibia del lugar en oscuridad absoluta.
Lo cierto es que la negrura no llegó a ser total. Según se fueron adaptando sus pupilas, el templario comenzó a distinguir puntos luminosos aquí y allá. Eran luminarias intensas pero de pequeño tamaño, algunas agrupadas formando abanicos de colores que pronto identificó con estrellas. Las había por doquier: sobre su cabeza, a sus lados e incluso bajo sus pies, como si reposara sobre un invisible suelo de cristal.
—¿No os sobrecoge la grandeza de la creación? —dijo el ángel entonces.
—Sí.
—Sabed que cada una de estas estrellas es idéntica a vuestro Sol. En cada una de ellas gravitan otras tierras donde viven hombres como vosotros. No hay un centro del que dependan, porque el centro es Dios mismo. ¿Sabéis?, cada una de esas luminarias está sometida y depende de las otras para todo. Están unidas por corrientes invisibles, como si fueran hermanas que participaran de una misma sangre materna. Éste es un saber —prosiguió Gabriel— del que gozaron muchos pueblos en la antigüedad, y que también mostramos a los profetas. A estancias celestes como éstas van a parar las almas inmortales de los humanos. Los egipcios construyeron para Faraón rutas junto al Nilo para orientarle a su destino eterno. Levantaron pirámides imitando el camino de los cielos, pero reservaron el derecho de transitarlo a sus líderes. Yo os pido algo más generoso: que facilitéis la ruta de la resurrección a todos los creyentes, levantando en el suelo un nuevo umbral para alcanzar los cielos. Mi misión es mostraros cómo construir esas señales, empezando por Ezequiel y el dictado que le hicimos del

que fue el primer templo del pueblo elegido, y terminando por ti y los tuyos, a los que enseñaré a levantar las Puertas para el firmamento.

—Los árabes nos dijeron que a Enoc le explicasteis cómo erigir las pirámides.

—No fue a él sino a Imhotep, un arquitecto de Faraón[1], a quien entregamos, como a Ezequiel, los planos de las Puertas para el más allá.

—No os termino de entender.

—Fijaos es aquel grupo de estrellas. Allá, a vuestra diestra. ¿Lo veis?

—¿El que tiene forma de rombo? ¿El que llamamos la constelación de Nuestra Señora?

—Virginis, así es –dijo la voz metálica del ángel–. Sus estrellas marcan la nueva Puerta al más allá, la Puerta de la Virgen. En tiempos de Imhotep ese umbral se encontraba en otro grupo de estrellas, las Tres Marías, que los egipcios identificaron con su dios Osiris. Construyeron Puertas imitando a Osiris junto al desierto, que funcionaron mientras las estrellas siguieron emergiendo por donde estaba previsto, pero que hoy deben ser reconstruidas de acuerdo a un nuevo plan.

—¿Queréis que construya la imagen del cuerpo celeste de Nuestra Señora en la Tierra?

—Así es.

—¿Y cómo? Yo no tengo el libro que entregasteis a Imhotep, a Enoc, o a...

—Lo tendréis –le interrumpió–. Todo a su tiempo. Y cuando llegue a vuestras manos traído de Oriente y Occidente a la vez, sabréis leerlo porque yo os habré enseñado.

—Llevará semanas, tal vez meses –protestó el caballero.

—El tiempo no es un problema aquí. Gluk os lo mostrará.

El templario, con gesto de sorpresa, se encogió de hombros.

—¿Gluk? ¿Y qué tiene que ver Gluk en todo esto?

—Es uno de nuestros iniciados. Son muchos. Los llaman «carpinteros» porque son ellos los que levantan las techumbres de los templos y éstas, como sabéis, representan a los cielos. Son los que conocen el

---

[1]. Rey Zoser de la III Dinastía.

firmamento y sus movimientos, y a ellos deberéis encomendaros para descifrar los libros que os llegarán desde la Puerta de Jerusalén. Leedlos, estudiadlos y ocultadlos hasta que llegue el tiempo en que otros merezcan acceder a ese saber.

—¿Conocéis lo que está por llegar? —balbuceó atónito el templario, tratando de encontrar el menor atisbo de duda en su interlocutor.

—¿No lo dije ya? El tiempo no es un problema en el reino en el que ahora estáis.

—¿Qué mostraré para hacer creer a los míos todo lo que me habéis dicho, oh Gabriel?

—No será necesario que les entreguéis nada. Con vuestra determinación será suficiente. No obstante, ya que habéis preguntado por el tiempo que vendrá, os mostraré algo que jamás olvidaréis.

—¿Y podré contarlo?

—Podréis.

ARCHA FOEDERIS[1]

Epifanía del Señor
Enero de 1129

Toda Francia ardía en un fervor constructivo sin precedentes. Los padres del caballero Andrés de Montbard, y aún sus abuelos, habían visto con sus propios ojos cómo puentes, torres, graneros, y sobre todo capillas, iglesias y catedrales comenzaban a crecer por doquier, como si la piedra tallada generase más piedra tallada y los pueblos necesitaran edificar obras más grandiosas que las de sus vecinos para dar gracias a Dios por el don de la vida.

No fueron muchos los que participaron de la tensa angustia que recorrió la Iglesia a finales del siglo X, justo antes de celebrar el final de 999. Sin embargo, toda la cristiandad, con Francia a la cabeza, participó después de la alegría de los clérigos de saberse vivos y en gracia divina. Finalmente, el severo Padre Eterno había decidido no desatar su furia contra ellos y su infinita piedad se tradujo en un optimismo sin precedentes.

Aquel extraño pero intenso gozo se extendió pronto por todas partes, convirtiéndose en una sensación duradera; las cosas —se pensaba en el campo— estaban a punto de cambiar a mejor. Andrés, el templario menos refinado pero el de corazón más noble, vivió esa sensación de revolución inminente desde su infancia, viendo cómo los cultivos se ampliaban cada vez más y cómo las mujeres no dejaban

---

1. Del latín, «Arca de la Alianza».

nunca de estar encinta esperando nuevos hijos con los que poder trabajar esas tierras.

Más tarde, él mismo se casó y tuvo familia, y antes de retirarse a cumplir con su milicia aún pudo ver cómo uno de sus sobrinos, un cierto Bernardo de la Fontaine, despuntó como la mente más lúcida que había conocido jamás. Su capacidad organizativa sedujo de inmediato no sólo a su familia de noble linaje, sino al propio conde de la Champaña, y su determinación estuvo llamada a ser decisiva para reunirle a él y a ocho hombres más para que rescataran de Tierra Santa una reliquia de la que pocos en la cristiandad habían oído hablar.

Así se embarcó Andrés en las Cruzadas y de este modo logró desenterrar del fondo del Templo de Salomón toda una biblioteca en piedra que, si había de creer en la palabra de Bernardo, fue esculpida por el profeta Enoc en persona al dictado de un ángel de Dios.

El momento de entrega de aquella valiosa reliquia, formada por más de trescientas tablas inscritas con misteriosos caracteres geométricos que sólo algunos sabios eran capaces de leer, estaba ya próximo.

Protegida por no menos de treinta soldados, al mando de cinco de los nueve Pobres Caballeros de Cristo convocados por su señor conde, los siete carruajes que desplazaban el equipaje del convoy avanzaban pesadamente sobre sus ejes de madera. Los charcos de barro del camino y lo abrupto de algunos de sus tramos, obligaban a una marcha lenta, pesada, que despertaba la curiosidad de los campesinos que tenían ocasión de pasar a su vera.

–¿Qué creéis que sucederá ahora, que entregamos ya lo que se nos encomendó? ¿Se acabará aquí nuestra misión?

El tono empleado por Gondemar de Anglure, aquel que cayó preso de un éxtasis pentecostal en la Cúpula de la Roca que le abrió la comprensión de otras lenguas, no pudo esconder su desazón al distinguir el nítido perfil de Chartres en el horizonte. El rechoncho guerrero de Montbard, atento a sus quejas, taconeó suavemente los costados del caballo, antes de responder.

–¡Oh, vamos! –gruñó–. ¿No iréis a creer que con entregar las tablas se ha acabado todo? Alguien tendrá que protegerlas a partir de ahora, ¿no creéis?

—¿Protegerlas? —Gondemar se arqueó hacia atrás para escuchar mejor a su compañero.

—Bueno —rectificó—, en realidad habrá que esconderlas para protegernos definitivamente de ellas. Si habéis leído la Biblia sabréis que transportamos una carga ciertamente peligrosa.

—¿Y en qué lugar de la Biblia se citan las tablas de Enoc?

—En ninguno —volvió a gruñir Montbard—. Pero sí se hacen continuas referencias a otras tablas, las de la Ley, que Moisés recibió en el Sinaí y que creo no eran otra cosa que parte de estos mismos libros de Enoc. Ya sabéis lo que ordenó entonces Dios: que se dispusiera un Arca que guardara aquellas tablas, junto a la vara de Moisés, y que nadie que no fuese sacerdote levita se acercara hasta la sagrada caja a riesgo de perder la vida en tan irreverente intento.

—¿Y el peligro?

—Nunca se supo si el peligro estaba en el Arca o en su contenido, pero por si acaso, desde que descubrimos las tablas en Jerusalén, no se ha acercado nadie a ellas con ningún objeto de metal encima ni con fuego.

—¿Con fuego?

—¡Ah! —exclamó—, ¿no leísteis lo que sucedió a Nadab y Abiú, dos de los hijos de Aarón, hermano de Moisés y responsable último del Arca después de su construcción?

Gondemar sacudió la cabeza.

—Si hubierais estudiado el *Levítico*, habríais visto que estos dos infelices prendieron un fuego frente al Arca que no gustó al Señor, y éste dejó salir de la caja de la Alianza una llama que los devoró allí mismo. La llama salió de la plancha de oro que cubría el Arca y que no fuimos capaces de encontrar bajo La Roca.

—Recuerdo el relato del propiciatorio, en efecto.

—¿Y qué creéis que provocó ese fuego devorador? ¡Las tablas!

—Quizás hayan perdido su poder —sugirió Gondemar.

—¿Os arriesgaríais vos a comprobarlo? Los judíos aún creen que el Arca estaba rodeada de protecciones sobrenaturales: echaba chispas capaces de calcinar a sus porteadores, e incluso a veces se elevaba sin necesidad de llevar a nadie cerca. Hasta se dice que arrojaba por los aires a todos los que se le acercaban demasiado.[1]

–Nada de eso ha sucedido con estas tablas.

–A Dios gracias.

---

1. Todos estos prodigios son relatados con mayor o menor detalle en el Midrash, comentarios seculares que los judíos recogieron sobre el Antiguo Testamento, y que hoy son un valiosísimo complemento para comprender ciertos aspectos históricos de las escrituras.

JANUA COELI[1]

La caravana entró en Chartres atravesando el puente viejo sobre el Eure a eso de las cinco de la tarde. Los caballos presentaban un aspecto deplorable, con las pezuñas enfangadas y la piel empapada de sudor. Tampoco sus jinetes se libraban de aquella impresión nefasta. De hecho, hasta los soldados de a pie acusaban en sus rostros la fatiga de un viaje de más de tres mil quinientos kilómetros desde Jerusalén. Eran héroes, sin duda, pero su pesado avance no resplandecía con el mismo orgullo de los cruzados de Urbano II, paladines de hazañas aún recientes en la memoria de todos.

Nadie, pues, salió a recibirles. ¿Se debía tal vez a que sus cotas de malla no relucían lo suficiente? ¿O quizás porque casi todo el mundo estaba preparándose para el banquete de Reyes?

—Que no os afecten estas cosas, mi querido Gondemar —masculló el gigante Godofredo, mientras se apeaba del caballo—. Creedme que es mejor así, llegar sin levantar pasiones y marchar antes de que éstas aparezcan.

Gondemar se acarició las barbas tratando de disimular su decepción e imitó a su compañero, guiando a su cabalgadura con un tirón de sus bridas.

Bien pensado, aquel frío recibimiento era lógico. Ya era *vox populi* que Tierra Santa estaba bajo control desde hacía meses —los predicadores no cesaban de vanagloriarse de ello en cada uno de sus oficios—, y todas las clases sociales, desde los siervos de la gleba a los

---
1. Del latín, «puerta del cielo».

nobles de más alto linaje, se habían acostumbrado ya al ir y venir de soldados procedentes de las rutas de Asia.

Las conversaciones palaciegas no tenían como eje las hazañas de tal o cual caballero, ni siquiera habían tenido tiempo de percatarse de la astuta acción del abad de Claraval al conseguir el reconocimiento eclesiástico a «su» pequeña orden de caballeros-monje. Sólo les saciaban ya los relatos que hablaban de las riquezas de Egipto o África, y planeaban oscuras empresas comerciales que dominaran ese lado del Mediterráneo.

Pero ¿justificaba tanta mediocridad la ausencia de un comité de recepción? ¿Dónde estaban el obispo Bertrand y el abad de Claraval? Los guías de la caravana se miraron extrañados. ¿No era precisamente Bernardo de Claraval quien esperaba su llegada como agua de mayo? ¿No era el sapientísimo abad de la Champaña el hombre que llevaba dos semanas enviando heraldos para cerciorarse del buen estado de la carga y el mismo que contaba los días para su llegada? ¿Y por qué tampoco estaba allí para recibirles su fiel compañero de armas Jean de Avallon, avanzadilla de tan sagrada misión?

Naturalmente, nadie supo decirles gran cosa. Después de varios circunloquios inútiles, lo único en claro que sacaron los caballeros es que los frailes blancos del sur y aún los benitos de *L'Hopitot* estaban empeñados en alguna tarea importante desde hacía varios días, pues muchos los veían ir y venir de aquí para allá, al amanecer de cada jornada, dando gritos como si buscaran cualquier cosa o persona de la mayor importancia.

Andrés de Montbard fue el primero en recelar. Guió los carruajes hasta dejarlos bajo la torre del obispo y, acompañado de sus cuatro compañeros, se dirigió a pie hacia el atrio de la abacial. Si en algún lugar podrían darle cuenta de lo que estaba sucediendo, sin duda era allí. Aunque fuera sólo un fraile, al menos habría un responsable de la fe que recibiría a su comitiva y le explicaría las razones de la ausencia de fray Bernardo.

Cuatro mantos blancos atravesaron en diagonal la plaza empedrada presidida por el templo macizo de Nuestra Señora, internándose a toda velocidad a través de su puerta este.

Ninguno de los templarios se percató, pero a una prudente distancia —la misma que había mantenido durante casi dos semanas—, Rodrigo, el celoso «espía» de Raimundo de Peñafort, observaba atentamente cada uno de aquellos movimientos. Aunque estaba rechoncho, Rodrigo se había encaramado sobre uno de los pajares que daban a la plaza, tratando de no perder de vista los carromatos, sus celosos protectores y las tablas.

Poco podía imaginar, colgado de aquel frágil tejado de tablas y cuerdas, el brusco giro que estaban a punto de tomar los acontecimientos. Aunque desconfiado por naturaleza y atento a cualquier movimiento que pudiera suponer una amenaza personal para él, el espantadizo centinela del obispo de Orléans apenas tuvo tiempo de percatarse de lo que comenzaba a ocurrir. O mejor aún, a ocurrirle.

Fue en un abrir y cerrar de ojos. Mientras vigilaba al último de los templarios, el anciano Foulques de Angers, persignándose frente al crismón del templo, una descarga le sacudió hasta la médula. Una corriente de frío glacial hizo crujir sus huesos, paralizándole por completo.

El de Angers no pudo oír el chasquido de las tablas del granero, a un centenar de pasos por detrás de él.

Pero Rodrigo se asustó. Nunca le había sucedido algo así; una sensación cosquilleante se hizo con el control de su cuerpo en cuestión de segundos, inundándolo por completo y nublándole la vista. Tembló. La respiración se le desacompasó y el ritmo cardiaco siguió de cerca aquella irregularidad. Algo —pensó buscando sus primeras oraciones— no funcionaba como debiera. Fue como si un millón de hormigas escalaran a la vez por sus piernas, dejando impresas sus afiladas patas sobre la piel.

Primero se asustó; se levantó de un brinco y comenzó a sacudirse creyendo que el Diablo se le estaba metiendo dentro. Después, cuando el cosquilleo remitió, volvió a tumbarse sobre el tejado, boca arriba, tragando aire a espuertas e intentando ordenar sus ideas. Se llevó la mano a la frente y comprobó que estaba sudando.

El más anciano de los templarios había entrado en el templo y no podía verle. ¿Y si pidiera ayuda? ¿A quién? ¿A la guardia apostada para proteger las tablas?

Con los ojos perdidos en aquel cielo plomizo, Rodrigo se estremeció. Las «hormigas» que le mordían las piernas venían de la iglesia y «tiraban» de él hacia su interior. ¿Cómo explicarlo? De repente sabía que la causa de aquel mal no estaba dentro de él si no tras la abacial ¡y no sabría decir por qué!

En aquel arrebato, no obstante, se escondía algo aún peor: el mal —fuera éste lo que fuese— le «estaba llamando» al templo. «Date prisa —creyó oír —o no llegarás.»

El aragonés no pudo resistirse por mucho más tiempo. Obediente como un cordero asustado, se incorporó sobre su frágil atalaya y, de un salto, se encaminó hacia la iglesia. ¿Qué poderoso hechizo era aquel que le obligaba a abandonar así de torpemente una clandestinidad tan bien calculada? ¿De dónde emergía ahora el valor para enfrentarse a lo que fuera con tal de penetrar en un recinto férreamente custodiado por los hombres del conde Hugo? Rodrigo, dominado por la voz que le reclamaba, cruzó por delante de los carros de los cruzados y penetró en el atrio con decisión.

Las estatuas le sonrieron.

Nada más atravesar el primer umbral, sintió que había tomado la decisión correcta. El intenso picor que había estremecido su cuerpo, comenzó a esfumarse como si fuera un mal recuerdo. En su lugar sólo quedaba un golpeteo constante en los oídos, que tenía cautiva aún su voluntad. Al parecer, no era el único en tenerla secuestrada. Allá dentro, cerca del ábside circular del recinto, el punto mágico donde los antiguos representaban la bóveda celeste, las siluetas blancas de Andrés de Montbard, Gondemar de Anglure, Godofredo Saint Omer y el venerable Foulques de Angers —a quienes conocía bien por haber seguido muy de cerca sus maniobras— se recortaban contra el fondo de piedra gris.

Ninguno se inmutó. Cubiertos con sus mantos albos y sus botas de punta rígida, los templarios parecían aguardar alguna instrucción antes de mover un músculo.

¿Oraban?

Rodrigo no hizo ademán de averiguarlo. Los cuatro —mejor aún, los cinco— estaban allí, quietos como estatuas, esperando la llegada de «algo». El mozo se unió en silencio al corro, y como ellos, colocó sus manos sobre los oídos, tratando de protegerse de un silbido agudo que parecía nacer justo bajo aquel techo abovedado.

Pronto, lo inevitable se desencadenó. Justo en el centro de los templarios, una columna de luz se hizo visible sin previo aviso. Brillante, cegadora, blanca como la luna, aquella luz pulsante brotó del suelo proyectándose hacia la techumbre de madera. Refulgía como el fuego, pero a diferencia de éste, aquel pilar ígneo presentaba un aspecto compacto, casi sólido.

—«La gloria de Yahvé parecía a los hijos de Israel como un fuego devorador sobre la cumbre de la montaña» —murmuró Foulques, el debilitado anciano, citando de memoria el capítulo 24 del *Éxodo*.[1] También él parecía en trance. Luego prosiguió—: «Moisés penetró dentro de la nube, y subió a la montaña, quedando allí cuarenta días y cuarenta noches.»

—«Harás un arca de madera de acacia...» —comenzó a recitar Andrés groseramente,[2] solapándose a la última frase de su compañero.

—«Harás un propiciatorio de oro puro...» —retomó Foulques.[3]

—«Harás de madera de acacia una mesa de dos codos de largo» —se sumó de inmediato Gondemar, citando del capítulo 25 del *Éxodo*.[4]

—«Harás un candelabro de oro puro» —Godofredo de Saint Omer, como no podía ser de otra forma, cerró el coro.[5]

Los cuatro confundieron sus frases haciendo que a cada nuevo versículo la columna ganara en intensidad. El zumbido y el murmullo de sus entonaciones pronto se fundieron en uno, haciendo que las piedras grises del ábside comenzaran a perder su rigidez. De repente daba la impresión de que se tornaban blandas, inconsistentes, como gigantescas piezas de cera a punto de derretirse. Era evidente que aquello, fuera lo que fuese, no había hecho más que comenzar.

---

1. *Éxodo* 24, 17-18.
2. *Éxodo* 25, 10.
3. *Éxodo* 25, 17.
4. *Éxodo* 25, 23.
5. *Éxodo* 25, 31.

Rodrigo, mientras tanto, había dejado perder su mirada en el centro de la pilastra de fuego; era como un sol que no quemaba la vista. La luz, en cualquier caso, no era completamente blanca. En el eje de la columna apenas era visible una especie de aspa surcada de caminos curvos que giraban en el mismo sentido que el agua en los remolinos de los ríos. Un laberinto impreso en la columna del que de pronto vio emerger tres sombras de aspecto vagamente humanas.

Las figuras se dibujaron en su iris, creciendo más y más hasta hacerse muy cercanas y cubrir la anchura del tronco de luz que palpitaba frente a él. Con las pupilas dilatadas y los ojos rojos, sin pestañear, Rodrigo aguardó. Era incapaz de mover un músculo, de articular palabra, ni siquiera de sentir el duro suelo de piedra bajo sus mocasines de piel.

Luego llegó el trueno. Fue seco. Rotundo. Salvaje.

Toda la iglesia tembló y Rodrigo, que estaba en el centro del ábside, sintió el impacto de su furia contra el pecho. Jamás había notado una opresión como aquella. Se quedó sin respiración, notando —con lo poco que le quedaba de dominio sobre su conciencia— cómo el peso de su cuerpo salía proyectado hacia atrás con una violencia inusitada. Si Satanás en persona le hubiera abofeteado no se hubiera sentido tan frágil como en ese instante.

Un segundo después, magullado y empotrado entre las sillas de la nave, el «espía» pudo levantar su cuello y contemplar una escena que difícilmente podría olvidar.

Envueltos en una luz anaranjada muy suave, tres figuras —dos hombres jóvenes, uno de ellos ataviado con el mismo manto de los templarios, y un anciano de cabellera gris y aspecto descuidado— fueron vomitados por la columna, cayendo desmayados nada más atravesar aquel «umbral».

No perdieron aquella luminosidad de inmediato. Aún tumbados como muertos en el suelo, el brillo naranja permaneció hasta ir desapareciendo poco a poco. Andrés de Montbard fue el primero en reaccionar.

—¡Es Jean de Avallon! —exclamó.

—¡Y Gluk, el druida! —remató Gondemar, que abrió sus ojos como si acabara de salir de un sueño profundo.

Al principio nadie se fijó en Rodrigo, hasta que, con Gluk, Felipe y Jean incorporados sobre una de las banquetas de madera adosadas al ábside, el gigante de Saint Omer clavó sus ojos en él.

–¿Quién es ése? –rugió.

Rodrigo, algo aturdido por el golpe, trató de levantarse y explicarse, pero las palabras no acudieron a su garganta.

PÓRTICO NORTE

Michel había dejado su Suzuki aparcado en Orléans y se subió al BMW de Letizia para completar el viaje hasta Chartres. Ambos sabían lo que les esperaba: una amable ciudad provinciana, cuya vida giraba desde hacía nueve largos siglos alrededor de su famosa cerveza y de un edificio único en el mundo: su espléndida catedral gótica, obra de un arquitecto anónimo dotado de un genio innovador y sorprendente.

Tardaron menos de lo esperado en llegar, así que, al distinguir las agujas del templo, les sobró tiempo para dejar el coche en el párking más cercano al *centre ville* y premiarse con un exquisito *Pavé ramsteak au rochefort* por 88 francos cada uno. El *Café de la Serpent* era el refugio ideal para los «exploradores» de catedrales. Al menos, eso les dijeron en la modesta oficina de turismo de la villa.

Letizia y Michel almorzaron sin perder de vista el espléndido pórtico sur de Chartres. Sus jambas, protegidas bajo un porche esbelto y ligero, mostraban un coro de personajes del Nuevo Testamento custodiando una soberbia recreación del Juicio Final en el tímpano central. En realidad, aquel conjunto escultórico era sólo una pequeña muestra de las casi cuatro mil imágenes talladas que decoran el templo, y de los cinco mil personajes que adornan sus vidrieras.

Curiosamente, uno de los más conocidos estaba también en el pórtico sur, empotrado en su singular parteluz. Se trataba de una imagen de Jesucristo en pie, que sostenía en su mano izquierda un libro cerrado por tres sellos y que apoyaba sus pies sobre las cabezas de un dragón y un león, respectivamente. *Le Beau Dieu* de la catedral.

—¿Tienes idea de qué significa esto? —preguntó el ingeniero al ver su fotografía impresa en la carta del restaurante.

—Vaya por Dios —bufó Letizia divertida—. No será otro de tus exámenes, ¿verdad?

Sus ojos claros le miraron con una dulzura que ya casi no recordaba. Las pecas de su rostro rodearon graciosamente su sonrisa.

—En realidad, se trata de un simbolismo muy ambiguo —respondió finalmente mientras apuraba un té de menta—. Es una especie de «sello» que marca algunas de las principales catedrales góticas de este periodo.

—¿Un sello?

—Sí. Es como el anagrama de la célebre frase de Cristo: «nadie entrará al Reino de los Cielos si no es a través de mí», donde Jesús asume el papel de Puerta Estelar.

—¿Puerta Estelar? ¿Y estas figuras bajo sus pies? ¿Tienen algo que ver? —dijo Michel señalando las figuras sobre las que se apoyaba la imagen.

—No, no, claro —se excusó ella—. Por un lado esa imagen pretende representar el triunfo de Cristo sobre las fuerzas del mal que tiene representadas bajo sus talones. Pero, por otro, dado que en los otros dos pórticos de la catedral, el Real y el Norte, se encuentran símbolos astronómicos inconfundibles, León y Dragón podrían remitir a épocas astrológicas antiguas, vencidas por la nueva revelación de Cristo.

—¿Y qué épocas son esas?

—La era de Leo discurrió hacia el 10.000 antes de Nuestra Era, y la del Dragón, para los pueblos de Oriente, fue contemporánea más o menos a la del felino.

Michel arqueó las cejas como sólo él podía hacerlo.

—¿Y el libro que sostiene? —preguntó.

—Quizás sea un ejemplar de la Biblia, quizás el Apocalipsis, en el que está inspirada la escena superior.

—¿Quizás? —jugueteó Michel—. ¿Y si es el *Libro de los Muertos*? Tú misma me dijiste que los egipcios pudieron haber inspirado indirectamente los fundamentos del arte gótico, ¿no?

—¿Dije yo eso?

—Sí. Fue cuando te expliqué que en Vézelay un curioso personaje me enseñó que el tímpano exterior era una recreación exacta de una de las escenas más famosas del *Libro de los Muertos* egipcio. El tomo que sostiene Cristo podría encerrar aquí una especie de clave simbólica, algo así como el manual de instrucciones para el tránsito al más allá desde este lugar.

—Hmmm... —Letizia apuró su té—. En mi época de Universidad leí todo lo que cayó en mis manos de un tal René Schwaller de Lubicz; escribía sobre simbología egipcia y era muy bueno, aunque casi nadie le entendía. Venía a decir que los relieves de los templos del Nilo no debían interpretarse escena por escena, o línea por línea como hacían casi todos los egiptólogos, sino como si integraran un conjunto armónico. Y es curioso, eso mismo acabas de hacer tú.

—¿Yo?

—¡Sí! ¿No te has dado cuenta? Has relacionado el libro que aparece en el parteluz con la escena que se talló encima, y has «leído» ese grupo escultórico como si fuera un todo. Es curioso, ¿sabes que empiezas a mirar las cosas como si fueras un iniciado?

—Ya, ya —Michel protestó—. Pero ¿tiene sentido lo que digo? Al fin y al cabo tú eres la historiadora.

—No lo sé. Pero deberías tener en cuenta esta paradoja: si la catedral de Chartres fue construida, como dices, para guiar a alguien hacia el más allá, lo cierto es que bajo sus losas no se enterró nunca a ningún obispo, ni rey, ni conde. ¡A nadie! ¿Cómo iba a guiar a nadie al otro lado si no se enterró nunca a ninguna persona en su suelo?

—Bueno, por lo que he podido leer, en las pirámides tampoco se encontró nunca una sola momia. Y según ese tal Charpentier, pirámides y catedrales fueron erigidas siguiendo patrones matemáticos similares. La paradoja, pues, no es sólo aplicable a este lugar.

—¡Vaya! —sonrió Letizia, apartando un mechón de su rostro—. Veo que has progresado mucho durante el tiempo que llevamos separados.

—¿A qué te refieres?

—A que has aprovechado los libros que quedaron en casa. En realidad, la idea de que las pirámides no se construyeron como tumbas es de origen árabe. Los primeros califas que se preocuparon de esos imponentes monumentos creyeron que se trataba de templos dedicados a Isis en los que se iniciaba a los soberanos. Y si, como te expliqué en Orléans, Isis fue adaptada en la Europa cristiana como Nuestra Señora, las catedrales podrían tener una función similar en tanto que templos dedicados al mismo servicio.

—Suena coherente, pero entre egipcios y constructores de catedrales hubo muchas civilizaciones. Griegos, romanos, árabes... ¿Cómo pudo transmitirse ese conocimiento a lo largo de tantos siglos? ¿Y por qué no se construyeron obras góticas mucho antes?

—Lo que dices es cierto —admitió Letizia mientras cogía el bolso, pagaba el almuerzo y tiraba de Michel hacia el otro lado de la catedral—. Pero deberías tener en cuenta que ninguno de esos tránsitos fue brusco. Los griegos dominaron Egipto durante tres siglos, bajo el dominio de Alejandro y sus generales, los ptolomeos. Reformaron templos y construyeron nuevos lugares de culto sobre enclaves donde en el pasado hubo otros; aprendieron jeroglíficos y asumieron en poco tiempo el saber de los faraones. Luego los romanos convirtieron Egipto en una de sus provincias y los primeros cristianos, los coptos, se establecieron allá heredando aquel saber rescatado por los ptolomeos. Su propia Iglesia terminaría persiguiéndolos duramente, tachándolos de herejes gnósticos y condenando muchos de sus credos ancestrales.

—Algo de eso dice Louis Charpentier en su libro. Asegura que entre la erección de las pirámides, el Templo de Salomón y la catedral de Chartres mediaron dos mil años cada vez, que viene a ser el tiempo de una Era astrológica. Naturalmente, eso implica que cada uno de esos pueblos construyó sus templos con arreglo a la posición de determinadas estrellas dominantes y para cubrir alguna necesidad metafísica que hoy hemos olvidado.

—En eso estoy de acuerdo. Los antiguos jamás hacían algo por mero gusto estético. Todas sus acciones perseguían un fin práctico.

—¿Práctico?

—Sí. Y no necesariamente algo material. Podrían haber levantado las pirámides por ejemplo para guiar a sus difuntos hacia ciertas estrellas importantes dentro de su mitología, ¿no?

—¡Pues es una idea! —exclamó Michel. Por fin la conversación entraba en un terreno en el que se sentía seguro—. Además, eso explicaría por qué pirámides y catedrales tienen orientaciones tan diferentes.

Letizia, intrigada, le dejó continuar.

—Hoy los astrónomos saben que ninguna estrella permanece fija en el cielo. Se debe a un particular movimiento terrestre al que llaman precesión.

—¿Precesión?

—Déjame que te lo explique. La Tierra, como sabes, se mueve sobre su propio eje, y también alrededor del Sol, dando pie a los días y las estaciones.

—Hasta ahí lo entiendo.

—Ese mismo movimiento hace que las estrellas que se ven en cada estación sobre el horizonte varíen de posición, y que cada mes, más o menos, se vean nuevas constelaciones. Ese ir y venir de estrellas dio pie a los signos zodiacales. Sin embargo —prosiguió Michel— los antiguos descubrieron que nuestro planeta efectuaba un movimiento irregular más, uno que hace que el eje longitudinal de la Tierra bascule como si fuera una peonza, haciendo que las estrellas no estén nunca en el mismo lugar, de estación en estación. Ninguna estrella de este verano estará en el mismo sitio el verano que viene. En realidad, aunque te parezca extraño, se mueven a razón de un grado cada setenta y dos años, ascendiendo y descendiendo sobre el horizonte en ciclos completos de veintiséis mil años.

—Y de eso tú deduces que...

—Como cada dos mil años, las estrellas se mueven casi treinta grados, a los antiguos les era necesario reajustar la orientación estelar de sus templos, construyéndolos de nuevo en lugares diferentes. De esa forma podían seguir imitando sus constelaciones sagradas sobre la Tierra.

Letizia repasó en silencio aquella reflexión. Nunca en sus años de convivencia con Michel le había explicado con aquella dedicación temas que a ella pudieran interesarla. Astronomía, matemáticas, cartografía estelar... ninguno de los asuntos en los que él andaba metido parecía que pudieran llegar a interesarla algún día. Pero además, Michel tampoco mostró interés alguno por sus inquietudes metafísicas o por sus lecturas sobre temas trascendentes.

Ahora, de repente, sus pasiones convergían.

—Entonces, según deduzco, tú crees que para entender por qué se construyeron las catedrales, lo más sensato sería relacionarlas con su inmediato antecesor, que fue el Templo de Salomón y sus reliquias... ¿no?

—¡Y el Arca! —Michel mordisqueó las patillas de sus gafas con fruición—. ¿No fuiste tú quien dijo que los templarios pudieron haber obtenido las claves del arte gótico de ciertos documentos contenidos en el Arca?

Letizia, divertida, asintió mientras llegaban ya al pórtico norte envuelto en las sombras del atardecer. «¡Y además me escucha!», se dijo.

El paseo a aquella hora discurrió impregnado de los mil y un perfumes que la primavera arrancaba de los jardines decimonónicos anexos al *cloître de Notre Dame*. Al llegar bajo las arcadas ojivales donde emergían los doce signos del zodiaco, ella decidió apostar fuerte por Michel. No entraba en sus planes orientar la conversación hacia donde pensaba llevarla, pero algo, allí debajo, le hizo sentir que aquél era un buen momento.

—Veo que la Biblia no fue nunca tu lectura favorita —dijo sin conceder demasiada importancia al comentario.

—¿Por qué dices eso?

—Porque si leyeras con atención —remató—, te habrías dado cuenta de que Moisés escapó con el pueblo elegido de Egipto, fue perseguido por Faraón y eludió su represión gracias a que Yahvé sepultó sus tropas oportunamente en el mar Rojo. Piensa, ¿qué pudo obligar a Faraón a perseguir a un grupo no demasiado grande de proscritos con aquella fiereza?

Michel no contestó. Letizia volvía a brillar con aquel magnetismo que le enamoró años atrás. Apretó los dientes y la dejó continuar.

—Es posible que Moisés «robara» algún secreto religioso y científico importante, tal vez los míticos *Libros esmeralda* de Hermes, que después Moisés encerraría en el Arca de la Alianza como si fueran mandamientos de su Dios. Por algo así, ningún soberano hubiera escatimado esfuerzos en perseguir al ladrón.

—¿Hermes?

—¿De qué te extrañas? Los maestros de obras medievales que levantaron estos muros recordaban a menudo sus palabras a Asclepio, en las que desvelaba para qué servían aquellos libros.

Michel no pestañeó, dejando que Letizia rematara su extraño comentario.

—¿Ignoras acaso que Egipto es la copia del cielo? —Y citó solemne—. «¿O, mejor dicho, el lugar en el que se transfieren y proyectan aquí abajo todas las operaciones que gobiernan y ponen en marcha las fuerzas celestes?»

—¡Te lo sabes de memoria!

No replicó. Sinuosa como una serpiente, subió las escaleras que se adentran bajo el porche del pórtico norte, y girando sobre sus tobillos, nada más situarse frente al parteluz con la efigie de Nuestra Señora, señaló una de las columnas que sostienen el conjunto.

—¿La ves? Es el Arca saliendo de Jerusalén.

El ingeniero, abrumado por aquel insospechado alarde de erudición, abrió los ojos como platos. Allí, en efecto, sobre dos capiteles de pequeño tamaño, reposaba un relieve inconfundible: una caja alargada, cerrada con los mismos cerrojos que el Libro de Cristo del pórtico sur, parecía estar desplazándose sobre un carro. La escena siguiente, muy deteriorada, mostraba varios personajes cubiertos por túnicas o mantos alrededor de la misma Arca, mostrando actitudes de veneración o sumisión hacia el objeto. Y bajo ambas «viñetas», un ambiguo texto en latín: *Hic Amittitur Archa Cederis.*

—¿Qué significa? —preguntó Michel pasando las yemas de sus dedos por encima de la inscripción.

—Algo así como «Ahí va el Arca que has de entregar».

—¿Entregar? ¿A quién?

—Al que lo merezca —respondió Letizia crípticamente—. Claro que siempre cabe la posibilidad de que *Cederis* sea una corrupción de *Foederis*, «Alianza», en cuyo caso la frase sería «Ahí va el Arca de la Alianza».

—¿Y a quién representa esa escena?

—¿Cuál? —la rubia señaló a los hombres con manto alrededor del cajón de los cerrojos—. ¿Ésta? Probablemente a los receptores del Arca

El Arca de la Alianza llegando a Chartres. Capiteles del pórtico norte.

y, por tanto, de los libros de Hermes que viajaban en su interior. Unos libros que, si lees estos capiteles, fueron custodiados por un receptor que no se especifica, nada más llegar aquí.

–¿Por quién? ¿Por los templarios?

–Tú lo has dicho.

El último aserto de Letizia retumbó en los auriculares de Ricard fuerte y claro. Al ver su gesto de sorpresa, el nubio, que horas antes había interceptado aquella señal extraordinariamente nítida procedente de algún poderoso micrófono instalado sobre Michel por alguien que no pertenecía a su equipo, se removió inquieto en la parte de atrás del monovolumen.

–Hay que actuar de inmediato –sentenció grave–. No sé quién diablos es esa mujer, pero estoy seguro de que está a punto de revelarle al «pájaro» precisamente lo que no queremos que averigüe.

–¿Cómo puedes estar tan seguro, Gérard?

El catalán le miró muy serio, dejando que las bobinas de la grabadora siguieran registrando la conversación que estaba desarrollándose una manzana de casas más allá.

—No lo estoy —respondió—. Pero, después de escuchar lo que ha dicho, el padre Rogelio aprobaría una acción preventiva inmediata.
—Lo dices por lo de Hermes, ¿verdad?
—Sí. Lo de Hermes.

Ricard, sin mudar un ápice de gesto, no tuvo más remedio que asentir. La situación estaba a punto de írseles de las manos por culpa de una desconocida. Tras girar en su butaca basculante, el catalán le guiñó un ojo a Gloria para que arrancara.

La Renault Space, obediente, ronroneó un par de veces antes de enfilar el perímetro del pequeño parque abierto frente a Notre Dame de Chartres y aproximarse tímidamente hasta su pórtico norte. Una vez flanqueado el número 21, donde nacen las escaleras de acceso a una terraza elevada que da a una tienda de *Antiquités* y a un salón de té (el *Curiosités et Gourmandises*), el portón lateral del monovolumen retumbó frente al porche.

Nadie les vio. A esa hora, hasta las tiendas de recuerdos y carretes fotográficos estaban cerradas.

Sólo Letizia y Michel observaron sorprendidos cómo un individuo atlético, de piel negra pero rasgos occidentales, salvó los escalones que le separaban de ellos y se colocó a su lado. Una Glock de nueve milímetros con silenciador resplandeció en su mano derecha.

—No te muevas —susurró.

El negro, una mole de metro ochenta, clavó su mirada cetrina en la rubia, como si aquélla fuera su objetivo. El ingeniero se estremeció.

—Esta vez os habéis dado prisa —murmuró Letizia sin sobresaltarse.
—¿Os conocéis?
—Sí, Michel. Hace tiempo.

Mudo de asombro, el ingeniero no volvió a articular palabra. «¿En qué diablos está metida esta mujer?», barruntó. De repente, se temió lo peor: Marcel, su marido, muerto de celos por su huida, había lanzado aquellos matones sobre ella. Pero ¿tan rápido?

El nubio, ajeno a aquellas cábalas apresuradas, hizo un grueso aspaviento con el arma. Señaló a la rubia el camino del furgón y paralizó con una mueca a Témoin. Para su sorpresa, ella obedeció sin oponer resistencia.

Antes de descender las escaleras aún acertó a despedirse.
–Busca a Charpentier –dijo–. Y dile que me encuentre.
–¿Char…pentier?
–La Fundación.

Alguien, desde dentro del vehículo, la arrastró a su interior, obligándola a interrumpir su frase. El nubio entró después, y echando un vistazo a un Témoin más pálido que las piedras del pórtico, se apiadó de él.

–No vuelvas por aquí, o morirás –dijo.

Temblando de miedo, Michel tanteó las piedras que había tras él hasta que logró apoyarse en la columna del *Archa*. Su bigote, fuera de lugar, goteaba un sudor nervioso que nunca antes había sentido.

La Renault revolucionó el motor estruendosamente, y en cuestión de segundos se perdió por donde había venido. Aquel rincón aislado del perímetro catedralicio quedó entonces envuelto en un extraño silencio.

Michel no pensó en la policía hasta mucho después.

CAMPOS ELÍSEOS

Un hombre entrado en carnes, vestido impecablemente de gris perla, guillotinó su tercer habano de la tarde mientras aguardaba la señal de su secretaria. Desde su pared acristalada se veía buena parte de la Ciudad de la Luz. Era más magnífica aún de lo que soñó Luis XIV cuando encargó a su paisajista que la reformara de arriba abajo en 1667.

Todo allí era historia pura. Las vistas desde el despacho de caoba del gordo daban muy cerca del Arco del Triunfo de Napoleón. Un monumento que divide en dos la enorme avenida que separa el impresionante *Arche de la Défense* del obelisco egipcio de la Concorde y de la pirámide de cristal del Louvre.

Situado bajo otra pirámide, esta vez de acero, el edificio desde donde el hombre del habano dominaba París asemejaba una gigantesca aguja faraónica. En realidad, edificios similares a ése se han levantado por todas partes en los últimos años: en el 110 del Paseo de la Castellana de Madrid, en el corazón del barrio neoyorquino de Manhattan, en Roma, Londres o Berlín. No importa dónde, lo cierto es que, por paradójico que resulte, no existe hoy ningún centro de poder del mundo sin su pirámide o su propio obelisco cerca. El Vaticano y la Casa Blanca son sólo dos ejemplos de ello. Sus edificios, otro más.

El gordo, relamiéndose de sus vistas, pensó en ello con aire triunfal. Algún poderoso arquitecto, mago sin duda, había unido con seis kilómetros de línea recta la avenida Charles de Gaulle, los Campos Elíseos, el Jardín de las Tullerías, el Arco de Triunfo de Carrousel y el palacio del Louvre. Todo para gloria de sus descendientes. Y a la vera de aquel trazado urbano perfecto, como si de plantas ornamentales se tratase, crecían decenas de símbolos de poder inventados treinta siglos antes de Cristo y colocados allí con una precisión pasmosa.

—Señor —tronó el interfono de repente—. La visita que esperaba acaba de llegar. ¿Le digo que pase?

—Sí, por favor —respondió satisfecho. En efecto, todo cuadraba.

La puerta de su despacho chasqueó de inmediato. Un individuo delgado, de estatura media, rostro afilado y barba no muy bien acicalada, entró al tiempo que se ajustaba el nudo de su corbata. Llevaba bajo el brazo una carpeta llena de papeles, descuidadamente anudados con una goma elástica. Parecía nervioso.

—Así que usted es Jacques Monnerie —dijo el gordo, encendiendo su puro con un mechero de oro y escondiendo la guillotina en el primer cajón de su escritorio.

—Encantado de conocerle en persona al fin, señor Charpentier —respondió—. No sabe lo que nuestra institución aprecia su generoso mecenazgo y su sensibilidad.

El director del CNES tendió la mano a su anfitrión, pero no tardó en retirarla avergonzado en cuanto se dio cuenta de que no iba a estrecharla con ninguna otra. Charpentier, de rostro redondo y frente despejada, hizo un ademán para que el ejecutivo tomara asiento.

—Toulouse está a una buena distancia de aquí, ¿verdad?

—Oh, sí, sí —Monnerie asintió nervioso.

—¿Ya conoce usted París?

—Claro, señor. Estudié aquí mi carrera. Aunque debo reconocer que ha crecido mucho desde entonces. ¿Sabe? Terminé de estudiar en 1963 y después ya no me enteré ni de lo de mayo del sesenta y ocho. Mi laboratorio en Toulouse se convirtió en mi casa.

Meteor man acarició su carpeta valorando en silencio si abordar a su mecenas de lleno con cuestiones más importantes, o esperar a un momento más adecuado. Optó por la prudencia. De hecho, ni siquiera se atrevió a sacar su cajetilla de cigarros. El señor Charpentier, con aire distraído, continuó su intrascendente interrogatorio ajeno a tanta explicación inútil.

Talismán de Catalina de Médicis.

—¿Y ha visitado usted alguna vez la *Bibliothèque Nationale*? —preguntó—. Supongo que sí, naturalmente. Pero ¿y su *Cabinet des médailles*?

Monnerie no abrió la boca.

—Pues es una lástima. De veras que lo es. Por lo tanto, claro, nunca se habrá fijado en una pieza como ésta, ¿no es cierto?

El gordo alargó su mano redonda, de dedos enormes y cruzada de anillos de oro, invitándole a tomar algo parecido a una moneda ovalada de poco más de cuatro centímetros de diámetro. De una tonalidad vagamente rojiza, aquella medalla —sin duda, de eso se trataba— presentaba en anverso y reverso algunas inscripciones en latín y figuras ciertamente peculiares: una mujer con cabeza de pájaro sosteniendo un espejo frente a un monarca sentado bajo palio, y otra hembra desnuda en el lado opuesto, con un corazón y una especie de peine en cada una de sus manos. Todo, dedujo Monnerie, salpicado de una abundante y absurda simbología astrológica.

—Jamás he visto nada parecido —el ingeniero acarició aquel pedazo de metal con gesto de sorpresa—. ¿Qué es? ¿Uno de esos cachivaches que venden las tarotistas junto al Sena?

Charpentier le miró severo.

—Es un amuleto que tiene más de cuatrocientos años, señor Monnerie. Nada de quincallería. Su valor histórico es incalculable aunque, por supuesto, lo que usted tiene en las manos es sólo una excelente réplica de la original.[1] ¿Y sabe lo mejor? Los expertos han confirmado que perteneció a la reina Catalina de Médicis y que muy probablemente fue acuñada por el mismísimo Michel de Notredame, famoso médico y adivino por aquellas fechas, más conocido como Nostradamus.

—¿Nostradamus? ¿No creerá usted en profecías y cosas de ese tipo? Después de que anunciara el fin del mundo para el 11 de agosto de 1999 yo no...

—¿Creer? —el gordo dio una honda calada a su puro, antes de interrumpir al ingeniero—. Esa palabra no figura en mi diccionario, señor Monnerie.

—¿Y entonces?

—Le enseño esto para que «sepa», no para que «crea» —Charpentier enfatizó abusivamente los verbos, invitándole sutilmente a hacer una segunda lectura de ellos—. Si usted se hubiera fijado bien, habría observado que las figuras que aparecen en el anverso de la medalla son mapas de constelaciones. Ahí está la «W» de Casiopea, el rombo de Virgo, los símbolos alquímicos de Venus y Mercurio. Supongo que así, a simple vista, sus posiciones relativas no le dirán tampoco nada, ¿verdad?

Jacques Monnerie se ajustó unas escuetas lentes para la vista cansada y volvió a mirar con atención la medallita. Esta vez trató de adelantarse a la explicación de su anfitrión. Aunque lo suyo, ciertamente, no era la historia, en ese momento nada le habría gustado más que estar a la altura de su mecenas. Pero seguirle el juego era harto difícil.

—Le ayudaré —sonrió maliciosamente *monsieur* Charpentier—: imagine que la mujer desnuda es la Tierra, la diosa Gaia de los griegos, y

---

1. La medalla original, en efecto, se encuentra en el Gabinete de las Medallas de la Biblioteca Nacional de París, etiquetada con el número 3 del grupo de «medallas talismánicas» de la colección. Es de bronce rojo con aleación de cobre y cinc, y partículas de antimonio y plata.

que su cabeza indica el norte geográfico. Desde esa perspectiva, al oeste se encuentran Casiopea y la Cruz del Sur, al este Virgo y Venus muy cerca del cenit. Se trata, pues, de un mapa estelar, señor Monnerie. Un mapa del que podemos deducir una fecha.

—¿Un mapa? ¿No cree que eso es aventurar demasiado?

Una nube de humo blanco envolvió el rostro de *meteor man*, que la inhaló sin inmutarse.

—En absoluto, señor Monnerie. Los talismanes se construían con el propósito de capturar el *spiritus* de lo superior en elementos del mundo inferior. Por lo tanto, esa medalla es un «mapa» tosco, que carece de la precisión que hoy exigiríamos a un astrónomo, pero que es lo suficientemente orientativo como para deducir que está indicándonos una fecha aproximada.

—¿Una fecha? —el ingeniero no salía de su asombro. O aquel hombre podrido de millones no tenía ni idea de astronomía, o le estaba tomando el pelo.

—Así es. Una fecha que corresponde, curiosamente, con la posición aproximada que tienen las estrellas y planetas de la medalla en estos meses. ¿No le parece extraordinario? ¡En estos meses! Los enemigos de Catalina y de Francia, especialmente los ingleses, hicieron correr en el siglo diecisiete libelos sobre este amuleto, afirmando que era una obra hecha por una adoradora de Satán. Los nombres de los ángeles caídos impresos en ella, como Anael o Asmodei, parecían darles la razón, pero en realidad todo es pura astronomía. Hasta la dama del reverso parece una alusión clara a Virgo.

—Supongo que me ha hecho venir para que confirme su tesis, ¿no es así?

—En absoluto. Vuelve usted a equivocarse —el gesto de Charpentier se torció jocoso, como si disfrutara acribillando a aquella mente racionalista—. Le he hecho venir porque deseo ayudarle a resolver su problema. Si le cuento lo del amuleto es para que tenga algunos elementos de juicio más antes de actuar.

El gordo, con los ojos abiertos como platos, se levantó de su escritorio, perdiendo su vista hacia una de las ventanas que daban a la plaza de la Concordia. Allí, al fondo, el orgulloso obelisco regalado por Mehmet Alí a los franceses y «robado» de la fachada principal del templo egipcio de Luxor, brillaba bajo su capuchón dorado.

—¿Ya sabe entonces lo de las fotos del satélite? —susurró Jacques Monnerie quitándose las lentes de aumento.

—Desde la primera órbita.

—¿Y?

—No me sorprendió en absoluto. Estaba profetizado en esa medallita que usted parece no querer leer. Debí suponerlo, le falta formación hermética, como a todos.

—Formación ¿qué?

—Her-mé-ti-ca —silabeó—. Por ejemplo, hasta hoy usted ignoraba que los talismanes son un viejo invento egipcio para atraer sobre la Tierra las fuerzas de los cielos. No son lo que hoy todos suponen al oír esa palabra: simples chismes para granjearse la buena suerte. ¡Nada de eso! Se trata de reclamos entre este mundo y el de arriba, que se «activan» sólo en momentos importantes y que Hermes, nombre griego del dios Toth de los egipcios, enseñó a fabricar a los hombres.

—No me negará que aun admitiendo esa hipótesis, tiene usted una gran laguna histórica entre Hermes y Catalina de Médicis. Por lo menos —barruntó provocativamente— veinticinco siglos.

—Si no más, en efecto. Lo que usted ignora es que un ilustre antepasado de Catalina, el célebre comerciante florentino Cósimo de Médicis, adquirió un ejemplar del *Corpus Hermético*, una versión parcial de los hoy perdidos Libros de Hermes, y lo mandó traducir al latín a Marsilio Ficino hacia 1460. De ahí, la familia conservó el secreto para la fabricación de talismanes y lo traspasó a hombres sabios como Nostradamus. Tras él los hubo que acuñaron talismanes pequeños como el de Catalina, y gigantescos, como París.

—¿Como... París?

Meteor man miró instintivamente hacia fuera, tratando de descubrir más allá de los cristales tintados algún detalle de la ciudad que se le hubiera escapado hasta ese momento. El tráfico de los Campos Elíseos era intenso a aquella hora.

—¿Cómo? ¿Tampoco se fijó? La *Voie Triomphale* que pasa por aquí delante atraviesa a su paso varios símbolos egipcios indiscutibles: pirámides, obeliscos, fuentes con esfinges... ¡Amuletos todos! Napoleón, obsesionado con Egipto después de su campaña militar, fue iniciado en la masonería y militó en una logia llamada, precisamente, del «Hermes egipcio», a la que se afiliaron también su padre y su hermano José. ¿Se lo imagina? Napoleón quiso convertir su capital en un gigantesco talismán protector para su proyecto político. Lo que no sabía entonces es que otros antes que él y su logia, habían construido su propio amuleto siguiendo instrucciones herméticas llegadas desde Jerusalén y Egipto.

—¿Otros? No sé adónde...

—Escúcheme, por favor —le atajó Charpentier—. Esos otros fueron los templarios. Los Médici, desde Florencia, supieron de sus actividades para construir un supertalismán en Francia en el siglo trece, cuando el proyecto estaba ya plenamente en marcha, y les guardaron el secreto hasta los tiempos de la reina Catalina y del papa Clemente VII.[1] Y ese supertalismán templario, señor Monnerie, tenía forma de constelación de Virgo, ocupaba cientos de hectáreas de terreno y sus extremos fueron marcados por catedrales.

—¡Catedrales!

Monnerie saltó de su asiento aferrándose a los reposabrazos. Sin decir nada más, comenzó a deshacer nerviosamente el hatillo de papeles que apretaba bajo sus manos. Aunque torpe, el ingeniero empezaba a hilar ciertas cosas.

—Eso es precisamente lo que no hemos sido capaces de fotografiar con el ERS, señor —murmuró—. ¡Catedrales!

El hombre del habano no se inmutó en absoluto por aquella revelación.

—Lo sé —dijo, aspirando una nueva bocanada de su aromático puro—. Contraté los servicios del ERS para asegurarme de que la profecía contenida en la medalla era cierta, que el supertalismán existía tal como suponíamos, y que se activaría en estas fechas. Las fotos de su satélite me dieron la razón. Ahora estoy seguro de que el talismán comenzó a funcionar hace unos días bajo la configuración estelar que

---

1. Otro miembro de la familia Médici, por cierto.

preveyeron sus constructores. Lo que no esperaba es que comenzara a irradiar una señal magnética.

Con cara de póker, el ingeniero trató de ordenar sus ideas.

—Entonces, si usted ya tiene claro este galimatías, ¿cuál es mi problema?

—Su problema, señor Monnerie, no son las fotografías. En realidad, su trabajo técnico ha sido un completo éxito. Su problema —repitió— reside en las actividades no controladas de uno de sus empleados, Michel Témoin. Como sabe, su jefe de proyecto dejó su puesto de trabajo después de que usted ordenara una investigación que determinara sus responsabilidades en el «fallo» del ERS. Él, abrumado, se decidió a investigar las anomalías de las fotos por su cuenta para demostrarle su inocencia.

—¡Témoin! No puedo creer que Témoin...

—Eso no es todo. *Monsieur* Témoin intuyó acertadamente cuál era la vía de investigación a seguir para descifrar la naturaleza de las emisiones captadas por el ERS, y marchó hacia Vézelay, donde inició sus pesquisas. Tratando de demostrarle a usted que debía existir alguna anomalía energética que justificara lo detectado por el ERS, sin querer ha puesto sobre la pista de un viejo secreto a poderosos enemigos nuestros.

—Entonces, no es un problema mío, sino suyo.

—Mire usted —le atajó Charpentier—, si no es capaz de apartar de su investigación a su hombre y nuestros adversarios acceden a información que no deben por culpa suya, el último perjudicado de esta cadena será usted y el laboratorio que dirige. ¿Lo ha comprendido?

—Perfectamente.

El cerebro de Jacques Monnerie, saturado de información, trató de ordenar precipitadamente toda aquella avalancha de datos y exigencias. Mientras recogía las imágenes digitales del ERS, calibró la situación: si lo que Témoin buscaba estaba en los templos fotografiados por su satélite, quedaba claro que el ingeniero iba tras la pista de alguna fuente de energía poderosa que otros codiciaban. Un «emisor» que, por lo que deducía de lo dicho por el señor Charpentier, estaba sujeto a una especie de temporizador programado desde hace siglos. Una fuente de energía, en suma, que querían sólo para ellos los directivos de la Fundación que sostenía su estatus financiero.

—Corríjame si me equivoco, señor Charpentier —prosiguió el ingeniero—, pero lo que sus adversarios quieren es aprovecharse de la investigación de Témoin para alcanzar algo que sirve para activar todos esos talismanes de los que me habla.

—Así es.

—¿Y por qué no investigan directamente?

—Es una larga historia, pero digamos que se trata de un grupo de gente a los que no les está permitido intervenir directamente en la Historia desde hace siglos.

—¿Tiene eso que ver con la «fuente» energética de los talismanes?

—Mucho.

—¿Y qué es esa «fuente»?

Monsieur Charpentier hinchó de aire sus pulmones antes de responder.

—Estoy obligado a contestar sus preguntas... así que se lo diré. Se trata del Arca de la Alianza.

Monnerie abrió los ojos como platos.

—¿Y sus adversarios?

—Ángeles, señor mío. Ángeles caídos. Aunque usted no tenga fe en ello, se ha metido en una lucha que lleva milenios en marcha.[1]

El ingeniero se irritó.

—¡Vamos! No soy creyente, ¿sabe?

—No quiero ser brusco con usted —se apresuró a suavizar su discurso el señor Charpentier—. Pero debo ponerle al corriente, lo crea o no, de que el trabajo de la organización que presido no está exento de muy serios adversarios. De hecho, llevamos años tratando de proteger discretamente todos los «talismanes» gigantes que hemos localizado en Europa, y esos enemigos, para minar nuestra labor, se están sirviendo de Témoin para sus propósitos.

—¿Adversarios? Yo creía que la suya era una Fundación filantrópica.

—Y lo es. Esos enemigos, se lo diré por última vez, no son competidores comerciales. Sé que le suena raro, pero representan la facción

---

1. Más información sobre este combate milenario en otra obra de Javier Sierra, *La dama azul*, pp. 265-270.

diabólica dentro de todo este asunto. Si hasta ahora usted pensaba que los diablos eran seres con cuernos, de piel roja y rabo puntiagudo, se equivoca. Como los ángeles, son personas de carne y hueso, sólo que vienen de otro lugar.

–¿De otro lugar? ¿Quiere decir extraterrestres? ¡Por favor!

–No. No quiero decir extraterrestres, ni astronautas de otro planeta, ni nada parecido. Llegan aquí por otras vías, por otras, llamémoslas así, Puertas. Y harán lo que sea por sacarnos de este proyecto y hacerse con el control de los talismanes.

–¿Qué es eso de «harán lo que sea»?

–Lo que sea. De hecho, acaban de secuestrar a nuestra mejor agente, en quien confiábamos para que detuviera a su ingeniero: la ex mujer de Michel Témoin. ¿Comprende ahora por qué me urgía reunirme con usted?

Meteor man se sobresaltó. De todo lo que le había dicho su financiero, aquello era lo único verdaderamente grave. Conocía a Letizia bastante bien. Lo suficiente para saber que lo más raro en lo que había estado aquella mujer en toda su vida era en una especie de logia masónica femenina bastante insípida a la que acudía religiosamente una vez por semana. Recordaba a Letizia como una mujer inteligente y tranquila. Ideal para aplacar una personalidad ciclotímica como la de Témoin. Pensar que podía estar en manos de un grupo de chiflados, de una secta satánica –qué otra cosa podía ser, a tenor de lo dicho por Charpentier–, le aterrorizaba.

Jacques Monnerie, nervioso, comenzó a atar cabos.

–Dígame una cosa, ¿es usted masón, señor Charpentier? –preguntó a bocajarro.

–Puede decirse que algo así. Tuve antepasados albañiles trabajando en las catedrales. Y eso, literalmente, es un *maçon*, ¿no es cierto?

–Lo que no termino de entender –le atajó grave–, es por qué me pone usted al corriente de todo esto. ¿Qué espera que haga?

–Quiero que viaje urgentemente a Amiens, que es a donde sabemos que se dirige Michel Témoin en estos momentos. Debe ganarse su confianza, contarle lo que sabe, y cancelar su investigación. Es fácil, ¿no?

–¿Sólo eso?

–Retirándolo de la escena, nuestros adversarios perderán la principal guía que tienen ahora para descubrir el emplazamiento de la fuente de los supertalismanes, y su secreto permanecerá a salvo mucho tiempo más.

–¿Y no va a avisar a la policía?

–Témoin ya ha alertado a la gendarmería de Chartres sobre lo ocurrido, pero no creo que sepan muy bien qué hacer con este caso. Nosotros nos ocuparemos de rescatar a Letizia.

–¿Cómo puede estar tan seguro?

–Ella lleva encima un micrófono con un localizador. No se preocupe. Es cosa nuestra.

Charpentier giró sobre sus talones y tomó un libro de la estantería de caoba que tenía detrás de su escritorio. Era un volumen de tamaño medio, encuadernado en rústica, que acarició con dulzura, como si aquel tomo pudiera hacerle olvidar sus preocupaciones.

–¿Lee usted español? –dijo, desempolvándolo.

–Algo. He veraneado desde niño en la Costa Brava, y allí aprendí algunas nociones básicas.

–Entonces, léase esto por el camino. Un coche de la Fundación le llevará ahora mismo hasta Amiens. Encuentre a Témoin y sáquele de allí.

Meteor man tomó el libro entre sus manos, y sin siquiera mirarlo, formuló su última duda a *monsieur* Charpentier.

–¿Y la medalla? ¿Dice algo más de por qué se activa ese superamuleto de las catedrales? ¿Y qué clase de «cosa» es lo que lo activa?

El gordo le miró de reojo.

–Lamento no poder responderle a eso. Comprenda que no le diga nada más hasta no estar seguros de que su empleado ha abandonado totalmente su investigación.

Jacques Monnerie bajó la mirada en señal de asentimiento, echando un vistazo fugaz a la portada del libro que tenía en sus manos. El dibujo de un mago de barbas largas sosteniendo un papiro con su mano derecha y una pluma con la izquierda, coronaba el título del volumen: *Picatrix. El fin del sabio y el mejor de los dos medios para avanzar.*

–¡A saber! –refunfuñó para sus adentros.

–Léalo –insistió el gordo–. Marsilio Ficino se inspiró en él y en el *Corpus Herméticum* para componer su tratado sobre talismanes *De vita coelitus comparanda*. ¿Sabe lo que significa?

–Ni idea.

–«Sobre cómo apresar la vida de las estrellas».

CLAVIS[1]

1129

Dos días tardó Jean de Avallon en recuperar el habla y la vista. Su repentina reaparición frente a un pequeño grupo de testigos en el ábside de la iglesia de Notre Dame de Chartres había despertado toda suerte de rumores en la comarca. Lo poco que se sabía de cierto era que el caballero había caído detrás del altar mayor como si fuera un pedrisco en noche de tormenta; nadie vio exactamente cómo fue, pero todos notaron el golpe.

En aquellos días no había un solo siervo del conde que no envidiara la privilegiada situación del abad de Claraval. A fin de cuentas, fueron caballeros al servicio de este monje quienes lo vieron todo con sus propios ojos y quienes le rindieron las cuentas oportunas.

El pueblo estaba en lo cierto. Aquellos templarios, en efecto, dieron detalle al abad de Claraval de cómo el cuerpo de su compañero fue vomitado por una bestia del Averno. Un ente invisible que debió descubrir entre sus muelas la mala carne de un cristiano piadoso. Y otro tanto, sin duda, explicaron de sus dos acompañantes, sobre los que también comenzaron a circular toda suerte de apuestas, a cada cual más absurda.

Bernardo, que era un religioso prudente y observador, estaba extrañado por tanto suceso extraordinario en un mismo lugar. Por ello, sin dilatarlo más de la cuenta, se apresuró a visitar de inmediato a

---

1. Del latín, «llave».

Jean y a su escudero. E hizo bien. De hecho, a Felipe sólo tuvo ocasión de administrarle la extremaunción la misma noche de su regreso, y ordenar el inmediato entierro de sus restos mortales. Su cuerpo, débil y tullido, había aparecido literalmente cubierto de llagas; apenas conservaba sus cabellos y los que le quedaban presentaban un aspecto frágil y blancuzco. Felipe mostraba, además, los labios y las puntas de los dedos muy amoratadas, tal como las tendría un reo después de ser penosamente torturado. Le aquejaba, pues, una especie de lepra que no le permitía respirar bien y que había atrofiado definitivamente sus piernas.

Nunca llegó a hablar. Ni siquiera a abrir los ojos. Y así, cuando finalmente expiró abrazado aún a la espada de su señor, todos pensaron que Dios se había apiadado de él y le había querido evitar sufrimientos mayores al despertar. Aquel diabólico mal parecía no tener remedio.

El abad, compungido, visitó también en su celda al prisionero hecho por los templarios en la misma Notre Dame. A los guerreros les pareció sospechoso verle allí, de pie, presenciando el milagroso retorno de Jean de Avallon, sin inmutarse siquiera o caer de hinojos frente al milagro. Era como si un espíritu burlón se hubiera apoderado de la personalidad de aquel desdichado y le hubiera arrastrado hasta la iglesia sólo para meterle en problemas. Más tarde, repuesto de su estado, el prisionero aseguró llamarse Rodrigo, ser de origen aragonés y, tras un par de implacables interrogatorios a manos del gigante Saint Omer, admitió incluso haber trabajado como mercenario del obispo de Orléans para seguir de cerca la caravana templaria llegada de Tierra Santa.

Fue toda una sorpresa.

Bernardo dialogó con él durante una hora. Pidió que le quitaran los grilletes y le dieran de comer. Y así, sentado ante su cuenco de carne hervida, escuchó a aquel monje piadoso que trataba de insuflarle confianza asegurándole que todos sus pecados le serían perdonados si le entregaba la verdad de su estancia allá.

Poco pudo sacar Bernardo de la garganta de aquel extranjero. Peregrino compostelano, prófugo del señor de Monzón y aventurero por naturaleza, aquel hombre confesó haber hurgado en el contenido de los carros sin entender demasiado el valor de tanta tablilla grabada.

–¿Le hablasteis de esas Tablas al obispo de Orléans? –preguntó el abad.

–Sí. Le hablé.

–¿Y qué os dijo?

–Nada que recuerde.

–¿Y no dispuso nada más para vos?

–Sí. Me pidió que no las perdiera de vista.

Por último, aquella misma jornada el monje blanco fue conducido a una pequeña vivienda situada tres callejuelas más allá de la iglesia. En ella, una familia local había dado generoso cobijo al tercero de los «reaparecidos» en Chartres. Todos los que le vieron antes que él, le aseguraron que se trataba de un personaje de lo más peculiar. Vestía un camisón muy desgastado y sus maneras eran ciertamente singulares. Hasta dijeron que podía hablar tantos idiomas que era capaz de hacerse entender incluso con los árboles del huerto familiar.

A última hora Bernardo llegó a la casa de Christian, el herrero, acompañado de dos monjes más. Su esposa y sus dos hijos habían terminado en ese momento de cenar, y el huésped se había retirado ya a su alcoba para, según dijo, concentrarse en sus oraciones.

La mujer de Christian, una bretona de caderas anchas y amplia sonrisa, les explicó que el anciano se había recuperado muy rápidamente de su viaje, pero se quejó de sus modales un tanto taciturnos y de su escasa locuacidad. Como el resto de Chartres, la familia del herrero ardía en deseos de saber qué había sucedido exactamente en la iglesia de Notre Dame. Tenía, por fuerza, que ser un milagro... pero ¿cuál? El anciano no lo dijo.

Después de pasar al interior de la vivienda, y dejar atrás la forja, Bernardo bendijo a la familia y pidió que le dejaran a solas con el extranjero. Christian obedeció. Y así, tras cerciorarse de qué estancia de la casa hacía las veces de celda y dormitorio del visitante, se dirigió hacia ella rogando a sus monjes que no les importunaran.

La habitación –si es que así podía llamarse– era un anexo de las cuadras, cerrado con un improvisado muro de tablas y despejado para dejar hueco al camastro de paja y la improvisada mesa en la que reposaban varios frascos cuidadosamente etiquetados.

Con la luz de una vela gruesa, sin duda lo que quedaba de alguno de los grandes cirios de la iglesia de San Leopoldo, un anciano de larga cabellera leía un libro grueso y sucio.

Bernardo conocía aquellas pelambreras.

—¿Gluk? —se le hizo un nudo en la garganta—. ¿Sois vos, maestro?

La voz de Bernardo quebró el silencio que envolvía el lugar. El anciano, tieso como una vara, levantó la vista del manuscrito que sostenía y buscó tranquilamente en la penumbra la silueta blanca del abad. También él, aunque no lo expresara, parecía haberle reconocido.

—¡Ah, Bernardo! —tronó al fin—. Debí suponer que estabais aquí.

El monje tendió sus manos para ayudar a levantarse al druida, y se fundió en un largo abrazo con él. Al apretarlo contra su cuerpo, Bernardo notó lo escuálido que estaba.

—Gluk, *magister*, ¿qué es lo que hacéis aquí? Nunca pensé que os vería en momento tan oportuno.

—Y bien que lo decís, De la Fontaine —sonrió—. El Enemigo ha pretendido hacerse con el control de este lugar santo para apropiarse de lo que habéis traído hasta aquí.

—¿Vos ya sabíais que...?

—Vamos, Bernardo. En la cripta abrí la Puerta para vuestro centinela, el caballero De Avallon. En cuanto le vi, supe que las Tablas no debían de andar lejos de aquí, porque el Umbral se abrió con facilidad. ¿Acaso no fue este caballero el elegido en Jerusalén para localizar las Puertas y sellarlas después junto a las Tablas? ¿No fue él el señalado por la Providencia para dejar descansar estos lugares e impedir que caigan en manos impuras?

El abad asintió.

—Sin embargo, Gluk, temo perder tan preciosa carga antes de cumplir con mi trabajo.

—Lo decís por la muerte del maestro Blanchefort, ¿verdad?

—Y porque hemos capturado a un espía del obispo de Orléans que, al parecer, ha estado siguiendo a nuestra caravana durante su último trayecto, desde Troyes hasta aquí.

El druida vio que el rostro sereno del monje blanco se enturbiaba.

—Pero, Bernardo, ¿de qué os han servido mis lecciones? ¿Habéis olvidado ya que la calma de espíritu es imprescindible para vuestra lucha contra el Mal? Si la inquietud os vence, habréis perdido la batalla. Y además, nadie puede abrir las Puertas de Nuestra Señora si no posee la llave. Y nadie puede utilizar esa llave si no posee el libro de instrucciones adecuado para ello.

—¿Libro de instrucciones?

Instintivamente, el cisterciense echó un nuevo vistazo al libro que leía el druida.

—¡Mi buen Bernardo! ¿Habéis olvidado los años en los que trazamos este plan para vos? ¿Tampoco recordáis las sesiones de aleccionamiento en los bosques cercanos a Claraval, donde os mostramos los símbolos mágicos que representaban las Puertas?

—Recuerdo el laberinto. Metáfora del camino interior y de la peregrinación a las Puertas Santas de Jerusalén, Roma y Santiago... Recuerdo la escalera. Alegoría que disfraza el viaje de Jacob a los cielos y el acceso al conocimiento sagrado. Recuerdo...

—No habéis olvidado nada —dijo el druida.

—No.

—Entonces, mi viaje ha sido oportuno. Después de que habléis con Jean de Avallon, podréis usar esto como vuestro manual para girar la llave. Será el inicio de un período glorioso en el que vuestras obras crecerán como agujas hacia el firmamento, atrayendo sobre vuestros fieles la bendición de las luminarias celestes. Y en ellas incluiréis los símbolos que os fueron enseñados para que otros sepan leerlos llegado el momento oportuno.

Gluk tendió a Bernardo aquel raído volumen escrito en latín, que tomó cuidadosamente entre las manos. Estaba toscamente encuadernado, y la mugre de sus páginas había ennegrecido los bordes exteriores de cada cuartilla.

Sin terminar de soltarlo, el druida explicó a Bernardo que aquel texto había sido originalmente escrito en árabe por sabios de Harrán, la ciudad a la que se dirigía Jacob cuando tuvo su visión de la *Scala Dei*. Después, un sabeo —uno de aquellos habitantes iluminados de

Harrán– se llevó una copia a la magnífica biblioteca de Córdoba, desde donde, tras la conquista, llegó a manos de los precursores de la Escuela de Traductores de Alfonso X en Toledo. Allí fue volcado finalmente al latín, «y de sus depósitos lo tomé yo», dijo.

El libro, crípticamente titulado *El fin del sabio y el mejor de los dos medios para avanzar*, estaba dividido en cuatro tratados que explicaban pormenorizadamente la ciencia de las estrellas. «Estudia sobre todo la cuarta de sus partes, en especial el capítulo dedicado a Hermes y a la fundación que hace de una ciudad idéntica a la Jerusalén Celestial del Apocalipsis –le advirtió–, y después usa su sabiduría para establecer el lugar donde levantarás tu Puerta y las proporciones que darás a tu obra para protegerla.»

–Blanchefort conocía las proporciones, maestro –se lamentó el abad.

–Pero no tenía aún ni las Tablas ni el conocimiento para usarlas –le atajó Gluk–. Tú y los tuyos, sí.

–¿Y quién mató al *magister comiciani*?

–Eso os lo desvelará también el caballero Jean, pues a esas revelaciones y a muchas otras accedió cuando fue ascendido al mismo cielo que los profetas Enoc o Ezequiel.

–Comprendo.

Bernardo de Claraval no volvió a ver más a Gluk. Después de recibir de sus manos el libro que durante tantos años había protegido, el abad estaba seguro de que el druida había dado por finalizada su tarea vital. Los sabios de los bosques eran así: impredecibles y sorprendentes. Gluk moriría en soledad, tal como él había elegido, y sus herederos –entre los que se encontraba el propio Bernardo– continuarían más o menos abiertamente con su misión: la de lograr establecer un vínculo definitivo entre la Tierra y el Cielo.

Por lo que había insinuado Gluk, Jean de Avallon era la última pieza antes de poner en marcha ese objetivo. Pero el templario, visiblemente avejentado, se recuperaba aún en la casa de huéspedes que les cediera el obispo Bertrand.

—No sé si sobrevivirá —se lamentó el abad—. Acabamos de enterrar a su escudero.

—Se recuperará. Ya lo veréis.

El augurio del druida le dio ánimos. Rodeado de toallas húmedas y palanganas de agua caliente, el guerrero todavía dejó pasar unos días antes de comenzar a narrar parte de su historia.

—Padre —murmuró al fin a primera hora de la mañana de San Julián—, ya sé que soy la llave que abrirá la Puerta.

La revelación le extasió. Bernardo no se despegó del templario en toda la jornada, atendiéndole en persona y animándole a vaciar el alma en sus manos.

—Vos aceptasteis ser esa llave ya en Jerusalén, hermano Jean. Lo que os ha sucedido después es fruto del plan que Dios preparó para un hombre de vuestro valor. No debéis temer nada.

—Mi señor abad —continuó—, en mi viaje al otro lado de la Puerta vi cielos e infierno. Un ángel al que no pude ver nunca el rostro me guió a través de las esferas celestiales, y gracias a él admiré las partes en las que está dividido el Universo. Volé hasta Jerusalén, siguiendo la ruta del Profeta de los infieles, y vi cómo una puerta al Averno se abría justo debajo de la Ciudad Santa. También allí admiré otro umbral por el que se accedía directamente hasta el trono de Dios.

—Proseguid.

—El ángel invisible, con infinita paciencia, me mostró asimismo cómo debemos construir nuestros templos a imagen y semejanza del Cuerpo Celeste de Nuestra Señora y cómo éstos, unidos por la misma corriente que ata a unas estrellas con otras, harán que podamos ascender a los cielos y hablar con los ángeles sin necesidad de desencarnar.

—¿Visteis todo eso con vuestros propios ojos?

—Y más aún, mi señor. Aquella criatura de voz poderosa me mostró muchas cosas que están todavía por venir. Como si fuera en sueños, admiré lo que vendrá en el año mil que sigue al año mil, las calamidades que asolarán nuestra tierra y los peligros que rondarán a nuestra fe. Aún más, me fue mostrado también el año mil que seguirá a este último y los prodigios que en aquél se obrarán. Pero, sobre todo, padre, me apercibí de qué encargo divino es el que debemos acometer en un lugar tan santo como éste.

—Decidme. Vos habéis visto, no yo.

—En la tierra de Chartres debemos proteger sólo aquellas Tablas que tengan que ver con la agricultura. Las seleccionaremos del santo cargamento con cuidado y dedicación, prestando especial atención a los motivos impresos en su superficie esmeralda. Son las Tablas de saber infinito que hablan de cómo Nuestro Señor creó todos los vegetales y formas de vida del mundo. Éste será, pues, el templo de la Espiga y se unirá a la Estrella de la espiga de Virgo, su perla más brillante.

—¿Qué más debemos hacer?

—Las que tengan relación con la música y el poder del canto se custodiarán en Amiens, donde levantaremos la más grande iglesia que vieran los tiempos. A fin de cuentas, la música es la Palabra de Dios en estado puro, el Verbo del que habla el primer capítulo del Génesis. Y lo mismo se hará con las Tablas que describen los movimientos del Sol, que se llevarán hasta Évreux. La sabiduría deberá repartirse, para que la misteriosa fuerza que encierran estos libros de piedra teja una red que proteja a los fieles y bendiga nuestro reino.

—¿Te mostró el ángel si viviremos lo suficiente para terminar nuestra obra, Jean?

El caballero, aunque postrado, regaló al abad un gesto de solemnidad que nunca antes había visto dibujado en aquel rostro anguloso.

—No —dijo muy sereno—. Ni siquiera llegaremos a ver colocar la primera piedra de esta Gran Obra, padre. Pero hemos de disponer a los nuestros para que cumplan con su sagrado deber. Sólo los iniciados comprenderán lo que hemos hecho con las Tablas y las rescatarán a su debido tiempo.

—¿Y los *charpentiers*?

—Los *charpentiers*, maestro, nos vigilarán de cerca. Descuidad. Gluk, el último de ellos al que habéis visto, dejará una larga descendencia y su estirpe se perpetuará hasta el final de los tiempos.

Bernardo se arrodilló junto al lecho del caballero, dando gracias a Dios por todas aquellas revelaciones. En realidad, su gratitud no estaba motivada tan sólo por las palabras del templario, sino porque ahora comprendía que había llegado al final del camino: tenía la llave (Jean), tenía las instrucciones para accionarla (el libro de Gluk) y ya sólo le faltaba determinar el emplazamiento exacto de la Puerta para culminar su plan.

—Sé que estamos ya cerca de cumplir con nuestra misión, caballero —murmuró el de Claraval, acariciándole una de sus pálidas manos con ternura—. Sin embargo, nos falta la presencia de Blanchefort, el maestro de obras, que sabía bien dónde tantear la presencia de la Puerta y que había visto con sus propios ojos los planos de Enoc para la construcción del nuevo templo.

—No penséis más en él. Como yo, Pierre de Blanchefort atravesó el Umbral Sagrado y accedió a cuantos conocimientos hoy poseo. Matemáticas, geometría, armonía... ninguna de esas ciencias me son ajenas desde entonces. Aparte de cuanto yo os he narrado, también yo vi el diseño divino. Sin embargo, a diferencia de aquél, yo soy un caballero y sabré defenderme si llegara el caso.

—¿Sabéis acaso quién lo mató?

—Murió por haberse acercado imprudentemente al cielo cargando su astrolabio de cobre con él. Todo lo que tiene naturaleza divina, deberíais saberlo, repudia el metal y lo convierte en fuente de muerte. Hasta nosotros, los caballeros del Temple, aprendimos la lección en Tierra Santa al oír a los judíos relatar sus cuentos sobre el Arca de la Alianza y su contenido celestial.

—Murió, entonces, por la misma causa que Felipe, vuestro escudero —dijo el abad—, pero ¿quién y para qué le decapitaron?

—Fue la familia de Raimundo de Peñafort, obispo de Orléans. Él pertenece a una estirpe de diablos hechos carne que sabían lo que vos tramabais y que ha tratado de impedirlo a toda costa. Arrancando la cabeza al *magister comiciani* siguiendo su ancestral costumbre de depredadores, se aseguraban de que vos supierais lo cerca que estaban de las Tablas. Y que pronto, antes o después, os las arrebatarían.

—Pero no sucederá.

—No, de momento.

—¿De momento?

Jean de Avallon suspiró antes de proseguir.

—La naturaleza y propósitos de esos diablos no es tan diferente de la de los propios *charpentiers*. Debéis saber que ellos buscan lo mismo que vos: erigir templos sobre las Puertas y controlar esos pasos al Cielo. El hecho de haberse apropiado de la cabeza de vuestro maestro de obras obedeció sin duda a la vieja costumbre de santificar los cimientos del edificio que planean. La cabeza, vos lo sabéis bien, es el receptáculo de todos los misterios, la sede de la iluminación interior. Es necesario su sacrificio para tener un espíritu guardián que proteja el lugar; un pilar sobre el que sostener el edificio entero.

—Lo sé —se inclinó el abad—. Juan el Bautista fue decapitado como símbolo de la columna que habría de sustentar el edificio místico del Cuerpo de Cristo. Por eso la orden templaria rinde también tributo a la cabeza.[1]

—Allí donde en adelante se venere un cráneo, una testa, habrá, con seguridad, una Puerta escondida. Sea que la proteja el Lado Oscuro o sea que la defiendan los caballeros de la Luz.

—¿Puedo confiar en vuestras palabras?

—Podéis. Al otro lado de la Puerta vi que los templos que guardarán las Tablas, aquellos que contendrán el secreto de cómo abrir las Puertas, se construirán y permanecerán levantados durante generaciones.

—Gracias a Dios.

---

1. Uno de los grandes enigmas que rodean a la orden templaria es, precisamente, el de su culto a una extraña cabeza a la que llamaban Baphomet. Su existencia se descubrió tardíamente, durante el proceso abierto contra los caballeros en el siglo XIV. El verdadero significado de la palabra Baphomet está codificado en la propia estructura del sustantivo, mediante el uso de un ingenioso sistema hebreo llamado Atbash. El método es sencillo: todas las letras del alfabeto hebreo se colocan en dos líneas paralelas, de manera que cuando haya que codificar una palabra se sustituirán las letras que la forman por sus equivalentes en la línea opuesta. Descifrarlo será muy sencillo recurriendo a las líneas paralelas de nuevo. Pues bien, si trasladamos la palabra Baphomet a letras hebreas y la descodificamos con el código Atbash, obtendremos el vocablo griego Sophia. Esto es, sabiduría. Este sistema se empleó mucho para cifrar los célebres rollos del mar Muerto y otros documentos de naturaleza gnóstica, que también viene de un término que significa sabiduría, «gnosis».

Jean de Avallon había vuelto a hablar sabiamente. El abad, sobrecogido por aquel ilimitado acceso a la sabiduría de los Altísimos, besó su mano, murmurándole algo entre dientes. El templario, visiblemente agotado por el esfuerzo, apenas adivinó lo que el abad intentó decirle. «A partir de ahora –escuchó–, mereceréis llamaros Juan de Jerusalén, pues ha sido allí, en la Jerusalén celeste, donde habéis encontrado la iluminación. Mañana mismo pondré a vuestra disposición a uno de mis monjes para que le dictéis todo lo que habéis visto de nuestro futuro, para que ese saber quede por escrito.»

–Amén –dijo el templario.

–Amén.

PICATRIX

Jacques Monnerie no despegó la vista del ejemplar del *Picatrix* durante buena parte del trayecto por carretera hasta Amiens. A bordo del confortable Mercedes 190 E que la Fundación Charpentier había puesto a su disposición, tuvo tiempo suficiente para hacerse una idea global acerca del contenido del libro.

Se trataba, como se temía, de un abigarrado tratado medieval de magia en el que se enseñaba a su propietario a fabricar amuletos. Al principio, le pareció uno de tantos volúmenes simplistas que debieron de circular por Europa entre los siglos XII y XIII, y en el que se contenían fórmulas absurdas para conseguir el amor de la persona deseada, o riqueza y prosperidad para quien supiera manejarlas. Constaba de cuatro tratados o partes, a cual más confusa. Sus referencias históricas a titanes que gobernaban Nubia o a reyes todopoderosos en Egipto no se ajustaban a nada de lo que él había estudiado en el Bachillerato, y por si fuera poco, su conocimiento del Sistema Solar, al que hacía frecuentísimas menciones, se reducía –lógico, por otra parte– sólo a los siete planetas conocidos entonces.

Cansado de leer estupideces, cuando iba a dar carpetazo definitivo al *Picatrix* y recostarse sobre los asientos de cuero del Mercedes, encontró un pasaje que le llamó la atención. En realidad, esperaba encontrar algo como aquello desde que salió del despacho del señor Charpentier. Algo que justificara el interés de su mecenas para que leyera el libro.

El pasaje en cuestión afirmaba que los coptos eran los herederos de los antiguos egipcios en cuestiones religiosas y, así mismo, en el manejo de sus poderosos talismanes mágicos. Hasta ahí, eso era bastante razonable. Pero decía, además, que sus amuletos, contrariamente a lo que pensaba, no se reducían a simples medallitas como la de Catalina de Médicis o a pedazos de pergamino con símbolos «de poder» escritos sobre ellos, sino que también podían enmascararse tras la construcción de grandes edificios e incluso en la distribución geométrica de las ciudades. Todo dependía, básicamente, de las alineaciones estelares a las que se orientaran sus cimentaciones.

—¡Como París! —barruntó, recordando su cita en los Campos Elíseos.

El libro decía, además, cosas tan llamativas como ésta: «En la construcción de ciudades —leyó— hay que utilizar las estrellas, y en la construcción de las casas los planetas; toda ciudad que se construya con Marte en medio del cielo o cualquier estrella fija de la misma naturaleza, verá morir a filo de espada a la mayoría de sus gobernantes».

Picatrix se refería igualmente a una ciudad levantada por el propio Hermes «que tenía doce millas de largo y donde hizo una ciudadela con cuatro puertas, una por cada punto». Y seguía: «En la puerta oriental hizo la imagen de un águila. En la puerta occidental, la de un toro. En la septentrional, la de un león. En la austral, la de un perro alado». El ingeniero se extrañó: ¿no eran aquéllas las imágenes que tradicionalmente se asociaban a los cuatro evangelistas? ¿No se equiparaba a Juan con un águila, a Lucas con un toro, a Marcos con un león y a Mateo con un ser alado?

Fue lo último que leyó. *Picatrix* volvía a perderse en divagaciones absurdas sobre el poder de los supertalismanes, que nadie con dos dedos de frente podría tomar nunca en consideración.

Sin embargo, como si aquel último pasaje fuera parte de uno de esos acertijos sin solución posible, Monnerie se amodorró preguntándose si no pretendería el señor Charpentier hacerle creer que la catedral de Amiens, ciertamente la mayor de toda Francia, era algo así como el nuevo templo de Hermes del *Picatrix*. «Demasiado sutil», pensó. No obstante, lo cierto era que las catedrales también se orientaban hacia los cuatro puntos cardinales y a veces colocaban evangelistas en sus fachadas.

El chófer entró en Amiens por la avenida Port d'Aval a eso de las seis de la tarde. Enfiló su prolongación por la *rue des Francs Muriers*, sembrada de casas unifamiliares de tres plantas y estilo dieciochesco, y torció por la *rue Saint Leu* hasta desembocar frente a la fachada principal de la inmensa seo de la ciudad. Tras aparcar junto a una casa de madera que se caía a pedazos, y donde podía leerse el equívoco cartel de *Maison du Pélerin*, despertó a Monnerie.

–Señor –dijo, pellizcándole el brazo–. Ya hemos llegado.

El ingeniero jefe se despertó como pudo, incorporándose a duras penas en su asiento. Cuando vio la cara oeste de Amiens parcialmente cubierta de andamios, comprendió que era allí donde debía comenzar a buscar a Michel Témoin. El templo, soberbio, era mucho más impresionante de lo que se había imaginado. Ninguna fotografía hacía justicia a aquel recinto de 7.700 metros cuadrados construidos, capaz de albergar a diez mil fieles para un solo oficio religioso.

Monnerie, cautivado, descendió del Mercedes y se dirigió a buen paso hacia una de las puertas laterales del templo, justo aquella que pasa por debajo del gigante de piedra que representa a san Cristóbal. Atravesó su portezuela de madera y desembocó muy cerca de la nave central, junto al laberinto. Prácticamente vacía, los pocos turistas que en esos momentos aún se encontraban en el interior de la catedral disparaban apresuradamente sus flashes, tratando de no llamar la atención de los vigilantes.

Meteor man echó un vistazo a su alrededor.

Al principio no lo vio, pero una segunda «batida» a lo largo del muro norte le hizo sentir que allí había algo que no encajaba. Miró dos o tres veces más. No se trataba de ningún turista. Era algo del propio templo.

En efecto, a unos metros por delante de él, en el crucero, el rosetón encastrado en la fachada norte presentaba un aspecto fuera de lo común. Tanto, que creyó que se trataba de un fenómeno óptico, de una confusión. El ingeniero dio unos pasos adelante para apreciarlo mejor, confirmando lo que se temía: los «nervios» del círculo central de su estructura... ¡formaban una estrella de cinco puntas invertida! ¡El símbolo medieval de Lucifer!

No había duda. Se trataba de una estrella de cinco puntas invertida, la misma que tantas veces había visto asociada en películas y libros a la magia negra y al Diablo. Se estremeció. ¿Qué hacía aquel «sello» en un templo como aquél, tan visible? ¿Tendría razón *monsieur* Charpentier y, sin quererlo, estaría ahora implicado en una lucha de ángeles y demonios?

Tratando de no perder la serenidad –con aquellas cosas, ciertamente era muy fácil–, Monnerie deambuló por las naves laterales del templo en busca de su «objetivo». Se detuvo ante la capilla de San Nicasio, justo detrás del altar mayor, donde admiró unas magníficas vidrieras en las que podía distinguirse un coro de reyes tañendo sus arpas.

–La música –explicaba en ese momento un guía a su reducido grupo de turistas jubilados– era muy importante en la época de esplendor de las catedrales. Los templos se edificaban siguiendo la misma proporción matemática que Pitágoras aplicó a las cuerdas de los instrumentos musicales para que sonaran armónicamente. Ese saber, Pitágoras lo trajo de Egipto.

«Egipto.» *Meteor man* se repitió mentalmente aquel nombre, mientras se alejaba del grupo rumbo a otra capilla, la de San Agustín de Cantorberry. Un cartel indicaba que su absidiolo había sido modificado por Napoleón III, pero que sus vidrieras eran originales. Del siglo XIII.

Realmente eran brillantes. Cuadros con pequeñas escenas representaban personajes sumidos en actividades frenéticas. Una de ellas, la más nítida del conjunto, mostraba a dos individuos con mantos blancos transportando un cajón gracias a dos varas que atravesaban longitudinalmente sus costados. Más arriba, otras cuatro «viñetas» daban a entender que aquel cajón había llegado por mar y que los hombres de los mantos blancos se habían hecho cargo de él para llevarlo... ¿adónde?

Monnerie tardó, pero cayó en la cuenta. ¡El Arca! Como si hubiera recibido una revelación divina, el profesor saltó sobre el pavimento de piedra. «Eso es exactamente lo que busca Témoin.» Un clérigo que salía en ese momento de la vecina sacristía pasó a su lado, mirándolo con incredulidad. Por supuesto, no desperdició la ocasión.

–¿Otras representaciones del Arca de la Alianza, dice? –murmuró el anciano, mirándole con sus vivarachos ojos grises.

El ingeniero jefe asintió.

—Naturalmente, joven. Cada vidriera tiene su correspondencia en piedra, y ese arcón que usted ve en el lado interior este de la catedral, lo encontrará justo en su vertiente opuesta.

—En la fachada exterior oeste.

—Precisamente —sonrió—. La lástima es que no podrá verla usted muy bien. El Cabildo gasta casi todo su dinero en mantener limpio ese frontis, y estamos siempre de obras. No se imagina lo que el dióxido de carbono puede llegar a comerse la piedra.

—¿Y no sabrá usted qué se ejecutó primero, si la vidriera o la fachada oeste?

El clérigo sonrió de nuevo, como si la ignorancia de aquel nervioso visitante le produjera ternura.

—¡Qué cosas tiene usted! —exclamó—. La cara oeste fue lo primero que se terminó de esta catedral. Déjeme pensar. Seguramente la levantaron los mismos que terminaron en 1220 la catedral de Chartres, así que debe de ser de 1230 o por ahí. Y por eso es la que más cuidados requiere.

—¿De veras?

La perilla puntiaguda de *meteor man* se arrugó bajo su labio inferior. Siempre que algo le impactaba hacía aquel gesto, mordiéndose la comisura de los labios con fruición mientras pensaba su siguiente paso. Así pues, excitado, tomó las manos fibrosas del clérigo y las sacudió enérgicamente, agradeciéndole sus servicios con un billete de cien francos. «Para la restauración», dijo poniéndolo entre sus dedos. El pobre no entendió mucho el porqué, pero aceptó aquel gesto extravagante. San Juan —pensó para sus adentros— atrae a muchos desorientados hasta allí, colocándolos en el verdadero camino de la fe.

Afuera no había nadie. Al ser sábado, los obreros responsables de la limpieza de la fachada no estaban merodeando por allí, y los andamios, cubiertos por una tela plástica grisácea, parecían vacíos.

La puerta del Arca debía de ser la de Notre Dame. Situada más a la derecha, se trataba de un pórtico ojival de profundidad media flanqueado por medallones que la estructura metálica de aquellas plataformas metálicas dejaban ver a duras penas. Sus relieves eran sorprendentes: hombres con gorros frigios parecían mirar planetas y estrellas, tomar medidas con sus manos, y levantar después torres sobre el suelo. «Como en el *Picatrix*.»

La huida de José, María y el niño Jesús a Egipto a lomos de un burro, los tres Reyes Magos o el árbol del Paraíso, se mezclaban con medallones que representaban a Moisés frente a la columna de nubes que guió al pueblo elegido durante el Éxodo.

Aunque Monnerie no era un experto en la Biblia, sabía que aquellas medallas se referían a pasajes muy diferentes y muy separados en el tiempo. En cierta manera, su común denominador –todos parecían pendientes del movimiento de ciertas estrellas grabadas en piedra– le recordó al amuleto de Catalina.

Sin embargo, antes de que pudiera tomar nota de la posición de los astros, justo cuando pasaba sus manos por el relieve de un hombre con una vara mirando al cielo, una voz le gritó desde arriba.

–¡No toque eso! –bramó–. ¡Es la vara de Aarón!

Sorprendido, el ingeniero volvió la cabeza hacia allí. A unos cuatro metros de altura, por encima del parteluz con la estatua de la Virgen y el niño, un rostro regordete, muy rojo, le observaba fijamente. Y no era uno de los obreros.

–¡Michel! –*Meteor man* lo identificó de inmediato–. Es usted... ¿verdad?

La cabeza desapareció de inmediato, seguida por el brusco martilleo de unos pasos sobre los travesaños metálicos. Cuando cesaron, el pulcro bigote de Michel Témoin estaba a escasos centímetros de su rostro.

–Por todos los diablos, profesor. ¿Qué hace usted aquí?

–Eso debería preguntarle yo, ¿no cree?

–Bueno –dudó–, estoy recogiendo datos para explicarle por qué el ERS se comportó de forma tan extraña hace unos días. Sigo cesado de mis funciones, ¿recuerda?

–Desde luego.

–Creí que mi secretaria le había informado de que salí de viaje. ¿Cómo me ha encontrado?

—Es una larga historia, Témoin.

—Por aquí también han pasado muchas cosas, ¿sabe? Pero creo que ya tengo respuesta para algunos interrogantes.

Monnerie esperó a que su ingeniero recuperara el aliento de su rápido descenso, y le invitó a sentarse en la barandilla de piedra que tenían allí mismo.

—En realidad, ya no necesito respuestas a lo del ERS, Michel —dijo el profesor sin esperar más—. Yo mismo retiraré el expediente que le abrí y pediré al gabinete de D'Orcet que olvide los cargos contra usted por negligencia.

—Vaya. ¿Ha ocurrido algo que deba saber?

—Hablé con la Fundación Charpentier, como usted me sugirió, y a ellos no les sorprendieron los resultados del ERS.

—¿Charpentier? —su rostro mudó de repente, al recordar las últimas palabras de Letizia antes de ser secuestrada—. Debo hablar con la Fundación de inmediato.

—Aguarde un momento. Déjeme explicarle algo antes.

—Usted no lo entiende, profesor.

—Sí lo entiendo. De alguna manera, la Fundación ha estado al corriente de todas sus actividades durante este tiempo. Ellos sabían que estaba aquí y me han mandado para que hable con usted. Temen que su investigación sobre las «anomalías» en las catedrales sea aprovechada por terceros para apropiarse de algo indebido.

La palabra «indebido» molestó a Témoin.

—¿Indebido? ¿Le parece indebido que hayan secuestrado a Letizia? —gritó—. ¿Se acuerda de Letizia? ¿Eh? ¿Se acuerda?

Las protestas de Témoin retumbaron bajo el pórtico de Notre Dame. Su interlocutor, impasible, ni siquiera se inmutó por aquella revelación.

—Eso también lo saben, Michel. De hecho, ya la están buscando por su cuenta, y la encontrarán, amigo mío.

—¿Cómo?

—Letizia es una de los suyos.

—¿De los suyos? ¿Qué quiere decir?

La ira del ingeniero se transformó de repente en curiosidad.

–Que trabajaba para la Fundación y que el contacto que usted estableció con ella entraba dentro de sus planes. Eso me dijeron. Por cierto, que la relación que usted estableció entre aquel Louis Charpentier de donde sacó su idea de la «conexión estelar» de las catedrales y la Fundación de ese nombre, debe de ser cierta. Son una especie de sociedad secreta.

–Está bien –dijo sin importarle demasiado el último comentario del profesor–. Supongamos que la encuentran. Lo que no me explico es por qué le envían a usted a detenerme.

–Accidentalmente, el CNES se ha visto envuelto en algo que no le incumbe. Y si el cliente que nos ha metido en este embrollo dice que paremos, debemos hacerlo. Sólo le diré una cosa más, *monsieur* Charpentier me mostró en París un amuleto antiguo en el que la situación de sus estrellas parece coincidir con la ubicación actual de la bóveda celeste sobre Francia. Me explicó que era una especie de aviso profético de que en estos días algo se activaría en estos templos. Es decir, ellos sabían lo que iba a pasar.

–¿Algo? ¿Qué se va activar?

–Algo relacionado con las catedrales. Un supertalismán o algo así que forma parte de una Puerta. La verdad es que no entendí muy bien el galimatías que me contó, aunque me dejó incluso un libro para que lo estudiara.

–¿Le habló de una Puerta? Letizia me dijo que las catedrales eran como Puertas Estelares.

–¿Y la creyó?

Ni los cristales de las gafas de pasta negra de Témoin amortiguaron el fuego de su mirada.

–Sí. La verdad es que sí.

–Está en su derecho, naturalmente, pero...

–Dígame, ¿le dijo *monsieur* Charpentier algo acerca del Arca de la Alianza?

Monnerie dejó pasar un par de segundos antes de responder.

–Sí. Que fuera lo que fuese su contenido, allí se encontraba el origen de las emisiones que captó nuestro satélite. Creo que lo llamó la «fuente».

El Arca de Amiens estaba allí, a la vista de todos.

–¡Exacto! Y lo que contiene el Arca, según me explicó Letizia, son los Libros Esmeralda de Hermes.
–A Hermes también lo citó, en efecto.
–Profesor, somos dos peones accidentales en un tablero del que no conocemos nada. Y si no somos capaces de desvelar ahora de qué va todo esto, nos vamos a quedar con la duda el resto de nuestras vidas. Yo no sé –continuó– qué demonios son los Libros de Hermes ni qué contienen, pero sí sé que ocultan una especie de pila energética. Y es tan fuerte que es nuestra responsabilidad destaparla y ponerla bajo control científico. Imagine si otros menos preparados dan con ella por azar... ¡sería un desastre!

Meteor man dudó.
–¿Y dónde cree usted que se esconde esa pila?
–En el Arca, naturalmente. ¿Aún no la vio?

Témoin, risueño, señaló a través de los andamios un bulto rectangular ubicado justo sobre la corona de la Virgen. Se trataba de una caja de buen tamaño, idéntica a la que él mismo tocó en el pórtico norte de Chartres, y tallada con sus mismos cerrojos de piedra. La flanqueaban varias estatuas sedentes de los principales patriarcas del Antiguo Testamento. Allí estaba Jacob –el de la *Scala Dei*–, Abraham –el que protegió la Roca del Monte Moriah–, Salomón –custodio del Arca en su Templo–, David...

Monnerie, absorto, se quedó contemplándola un buen rato antes de decir nada. Era el mismo cofre que había visto en las vidrieras de la capilla de San Agustín de Cantorberry. Exactamente el mismo, pero de piedra.

Cuando se convenció de lo que veían sus ojos, temblando, propuso algo que nunca antes hubiera imaginado hacer.

–¿La... abrimos? –susurró.

–Claro, profesor.

El poderoso micrófono direccional Siemmens instalado en el techo de la Renault Space captó a la perfección las últimas palabras de Michel Témoin.

–Esto ha llegado demasiado lejos –dijo Gloria con los ojos desorbitados–. Os dije que no se detendría por que retuviéramos a su ayudante. Tiene un perfil de personalidad que le hace demasiado obstinado.

Gérard y Ricard no replicaron, y el padre Rogelio, extrañamente sereno, dejó hacer a la impetuosa jovencita.

–Si no hacemos algo, ¡los Libros de Hermes terminarán en sus manos! ¡Y la Puerta será suya!

–Quizá –dijo parco el ortodoxo, mirando fijamente el pórtico sur de Amiens y las siluetas de Monnerie y Témoin dirigiéndose hacia el andamio.

–Pero ¡padre!

–Quizá todo esto forme parte del Plan de Dios. De la señal que espera el padre Teodoro en el Sinaí.

–Señal, ¿qué señal? –bufó Gloria.

El ortodoxo no respondió.

LÍBER PROFETORUM[1]

Claraval

Los preparativos para la marcha de la comitiva de monjes blancos de Chartres se demoró todavía casi ocho meses más. En ese tiempo, Bernardo cuidó de cerca que la recuperación de Jean de Avallon fuera completa. No obstante, ni sus oraciones ni las curas a las que fue sometido consiguieron frenar el prematuro proceso de envejecimiento que minaba día tras día la salud del caballero. Como antes le ocurriera a Felipe, el escudero, las carnes del templario se tornaron progresivamente más blancas, y las formas de sus huesos pronto comenzaron a dejarse ver a través de una piel fina y resbaladiza, como la de una serpiente.

Su final, pensaron todos, no debía andar ya muy lejos.

Durante aquellos meses, las atenciones del obispo Bernard y de las familias del burgo fueron exquisitas. Verduras frescas y caldos de carne se preparaban al alba de cada jornada sólo para el enfermo. Después de la salida del sol se le encendía también la chimenea y se le cambiaban las sábanas. A la hora tercia[2] se le lavaba de arriba abajo en una tinaja de agua caliente para, justo después, ventilar la habitación y dejarla lista para la inexcusable visita de fray Andrés. Podía caminar, pero no quería. El escriba de Bernardo se sentaba, pues, a los pies de la cama con un atril de madera, y allí permanecía hasta el me-

---

1. Del latín, «libro de profecías».
2. Nueve de la mañana.

diodía, en el que se le servía la primera comida fuerte. Después dormitaba hasta entrada la tarde; rezaba en compañía de otro monje y tras una cena frugal, volvía a caer rendido en su colchón de paja.

Fray Andrés tomó así cientos de notas al dictado de Jean de Avallon. Se trataba, por lo general, de poesías cortas, armadas con ingenio por el templario, que al finalizar, se recogieron en un volumen con tapas repujadas que encuadernó un hábil monje de L'Hopitot.

La obra, que Jean decidió firmar misteriosamente como «Juan de Jerusalén, prudente entre los prudentes y sabio entre los sabios», viajó naturalmente junto al resto de las pertenencias y hombres hasta Claraval, adonde llegó en mayo de 1120, en plena explosión de la primavera. La tituló *Protocolo secreto de las profecías*, y aunque sólo la leyeron entera Bernardo y fray Andrés, durante semanas casi no se habló de otra cosa entre los miembros de la expedición de regreso a casa.

Un hecho, no obstante, enturbió el orden de los acontecimientos. Rodrigo, el prisionero que hicieran en la iglesia de Notre Dame el día de la reaparición del templario, fue su protagonista.

El aragonés, junto a los carros con las Tablas –a excepción de varias decenas que quedaron en depósito en Chartres–, formó parte del «ajuar» que los cistercienses se llevaron consigo. Bernardo creía, no sin razón, que todavía no les había referido todos los detalles de su asociación con el prelado de Orléans, y decidió reclamar su custodia al obispo Bertrand. No obstante, si bien Rodrigo apenas había hablado de Raimundo de Peñafort en todo aquel tiempo, sí es cierto que se explayó narrando su peregrinación a lo largo del Camino de Santiago, aportando en ello detalles que sobrecogieron al abad.

Le dijo, por ejemplo, que el Camino era la contrapartida terrestre de la Vía Láctea, y que su ruta, desde la mismísima Vézelay, estaba jalonada por multitud de topónimos que indicaban claramente ese parentesco celestial. Casi en línea recta, dijo, podían encontrarse poblaciones como *Les Eteilles*, cerca de Luzenac; *Estillón*, junto a las estribaciones pirenaicas de Somport o *Lizarra*,[1] fundada en fechas no muy lejanas como punto de inflexión de la ruta jacobea.

---

1. Hoy, Estella (Navarra).

–¿Y vos qué valor dais a este diseño del suelo? –preguntaba capciosamente el abad.

–El mismo que ya os figuráis. Que Dios creó nuestra tierra a imagen y semejanza del Paraíso, y que de nosotros depende el acercarnos a ese mundo perfecto o no.

–¿Y para qué creéis que marcó Dios estrellas sobre el suelo?

–Estrellas y escaleras, abad –puntualizaba–. No olvide las poblaciones cuyo nombre está emparentado con la visión jacobita de la *Scala Dei*: Escalada, Escalante, Escalona...

–No me habéis respondido.

–Pero es evidente. Son lugares donde nuestras plegarias suben más rápidamente al cielo. Donde lo que hagamos, pensemos o digamos tendrá más eco allá arriba, en el reino donde habita nuestro Padre Celestial.

–Ya veo.

El de Claraval, por éstas y otras conversaciones similares, terminó por considerar a Rodrigo inofensivo, así que le asignó una celda en su monasterio y le dio permiso para moverse libremente por las tierras del convento.

Ése fue su error.

Aquellos meses, por lo demás, transcurrieron en medio de una intensa actividad. Fray Andrés repasó el libro de Jean de Avallon –ya Juan de Jerusalén– y lo copió íntegro en cinco pulcros ejemplares que conservó bajo llave. Mientras tanto, el abad se consagraba a la medición de toscos mapas de la región, y aún más allá, estableciendo los puntos por donde comenzaría la obra que daría sepultura a las Tablas. Fijó en la cercana Vézelay su punto de partida, como lugar intermedio entre las futuras catedrales de Notre Dame del norte y el Camino Estelar de Santiago al sur, y trazó las líneas maestras para representar sobre Francia la huella de Virgo.

Fue entonces cuando sucedió.

Ocurrió en la noche de Santo Tomás, el 3 de julio por más señas, mientras los monjes blancos estaban reunidos en la iglesia de Claraval para celebrar sus maitines. Habría unos cuarenta frailes, y la visita de uno de los hijos del conde de Champaña, llegado para supervisar los trabajos cartográficos de la congregación, les había dado cita a todos sin excepción en los oficios.

Los caballeros dormían; el servicio también, pero los monjes no fueron los únicos que estuvieron fuera de su lecho a aquellas horas. Rodrigo, que en ningún momento había dejado de cultivar su forma física, tenía claro el objetivo a alcanzar aprovechando las circunstancias. Treparía hasta la segunda planta del edificio de dormitorios, donde reposaban los cinco templarios que asistían a Bernardo en las labores de custodia de las Tablas, y allí tomaría su oportuno «salvoconducto».

Dicho y hecho.

Mientras el *Te Deum* retumbaba dos esquinas más allá, el aragonés, ágil como una lagartija, se deslizó por las enredaderas del muro oeste de la casa, hasta saltar a los ventanales del pasillo. Nadie le vio. Aunque en penumbra, la luz de la luna llena inundaba de tonos plateados los baldosines de arcilla del suelo. Orientarse no sería muy difícil.

Descalzo, pasó por delante de las celdas de Montbard, Saint Omer, Anglure y Angers, deteniéndose frente a la del De Avallon. Había estado allí antes, así que calculó bien sus pasos. Miró a ambos lados del corredor, asegurándose de que nadie le observaba, y abrió la puerta con todo sigilo.

Los goznes no chirriaron.

Una vez dentro, con la puerta cerrada tras él, respiró hondo. Contra la pared, fresca, aguardó a que sus ojos se aclimataran a la oscuridad y comenzaran a distinguir las formas de alrededor. Una cama con dosel cuatro pasos al frente, un arcón a su derecha, una pieza de madera donde debían guardarse las armas del caballero, un escritorio, la chimenea...

Una nueva ojeada le hizo mirar hacia la ventana entreabierta. Por allí, justo por donde se colaban los murmullos de los rezos de la comunidad, era donde el caballero debía custodiar aquel libro profético del que tanto había oído hablar.

Se trataba de una pequeña cómoda llena de cajones, situada junto al escritorio. Tallada, sin duda, por las hábiles manos de fray Crisóstomo —el maestro ebanista—, el mueble destacaba del conjunto por la madera clara empleada en su confección.

Sigilosamente, se acercó hasta él, y cuando alargó la mano para abrir el más grande de sus compartimentos, algo chocó contra su garganta.

–Así que volvéis a estar muy cerca de mí.

La frase le petrificó. Por instinto, Rodrigo se echó las manos al cuello, notando que lo que le oprimía era la afilada hoja curva de un puñal. Un arma fría, limpia, que podía partirle la nuez de un tajo antes de respirar siquiera.

–No habléis –ordenó aquella misma voz con tono firme–. Sé qué habéis venido a buscar.

–...

–Y lo tendréis. ¡Vaya si lo tendréis!

La misma mano que sujetaba el puñal bajó bruscamente a la altura de los hombros y le arrojó violentamente contra la pared. Desconcertado, Rodrigo abrió los ojos de par en par tratando de ubicar el bulto de su agresor.

No tuvo que forzar mucho la vista. Un instante después un golpe seco, como si rasparan la pared, tronó frente a él prendiéndose en el acto una lámpara de aceite que llenó de su inconfundible olor la estancia. Allí, frente a él, sujetaba lámpara y puñal el propio Jean de Avallon.

–¿Y bien? –el caballero le miraba desde arriba, sin darle ocasión a moverse–. ¿Qué os ha decidido a asaltar mi alcoba? ¿Acaso el único ejemplar de *El Protocolo* que he escrito y que aún no está bajo llave?

Rodrigo asintió.

–¿Y adónde pensabais llevároslo?

–A Orléans.

–¿Aún le sois fiel a su obispo?

–Es quien me protegió.

–¿Y si yo os perdono la vida? –dijo el templario.

–Entonces, señor, mi fidelidad os la deberé a vos.

Jean tendió su mano a Rodrigo para ayudarle a levantarse. Aunque con el hombro ligeramente contusionado, el aragonés se incorporó con agilidad, mucha más que la que demostraba aquel desecho humano que tenía frente a sí.

–Oídme, pues –dijo–. Llevaréis este libro con vos fuera de Francia. Cruzaréis el Mediterráneo y emprenderéis la ruta de Alejandría hasta Tierra Santa. Y allí, donde descubráis un lugar como éste, regentado por hombres de Dios, pediréis ingresar como novicio y les entregaréis este libro en pago de vuestra manutención.

—¿Y por qué me mandáis a tan lejanas tierras?

—Porque son las tierras del origen. Donde todo empezó. De donde salieron las Tablas que hoy protegemos y donde, en el futuro, escucharán la señal que mi obra anuncia.

—¿Señal?

—La señal que marcará el día en el que las Puertas se abrirán para siempre.

Rodrigo vio que el caballero alzaba la vista casi en trance, como si acertara a ver los resplandores de la Jerusalén Celestial del Apocalipsis descendiendo sobre Claraval.

—¿Nos permitirá eso ascender a los Cielos, mi señor?

—Y mucho más.

Rodrigo huyó esa madrugada con *El Protocolo* bajo el brazo y cumplió con la palabra dada. Al alba, cuando fray Andrés acudió a visitar a Jean como cada día, lo encontró tumbado sobre su cama, vestido con todas sus armas y con un gesto severo dibujado en el rostro. Debió de entregar su alma a Dios poco después de que el intruso abandonara su celda. Pero ése fue un detalle que nunca nadie conoció.

LAPSIT EXILLIS

Vencer los trémulos andamios de los operarios de limpieza de Amiens fue más difícil de lo que Monnerie se las prometía. La escalera principal ascendía en paralelo a la columna central que sostenía el pórtico, gravitando en medio de la nada. La Virgen, con gesto severo, recto, pareció clavar sus ojos vacíos sobre los del profesor, en cuanto éste llegó a su altura. Y el niño que sostenía en sus brazos también.

Una extraña sensación se apoderó de él. Era como si estuvieran a punto de profanar algo sagrado. Algo que no se colocó en su lugar para que lo tocaran las manos ateas de dos ingenieros del siglo XXI.

Pero Témoin no estaba dispuesto a echar marcha atrás. Con agilidad, se colocó junto a la estatua sedente de Moisés —un barbudo que sostenía una de las Tablas de la Ley y que estaba coronado por los cuernos de la sabiduría—, invitando a *meteor man* a hacer lo propio junto a Leví, ataviado con las ropas de los custodios del Arca.

—Aquí es —dijo Michel con el rostro iluminado—. ¿Verdad que es magnífica?

—Lo es. ¿Cómo piensas abrirla?

—Bueno. Es una caja maciza. La tapa se debió pegar, así que creo que tendremos que romperla.

—¿Y con qué?

—Con eso.

Témoin señaló dos mazas que los operarios habían dejado sobre el andamio, junto a las mangueras de agua a presión que utilizaban para arrancar la mugre de las imágenes.

—Michel —susurró el profesor antes de coger su martillo—. Hay algo que me desconcierta de todo esto.

—¿De qué se trata?

—Me confunde que haya una representación del Arca de la Alianza en el pórtico de la Virgen. El Arca es un objeto del Antiguo Testamento, la Virgen es un personaje del Nuevo. Allá abajo también hay medallones mezclados de las dos épocas. Y siendo como estoy empezando a entender que fueron los constructores de catedrales, ¿no crees que eso encierra alguna clave?

—No lo sé. Toma tu maza, quítate los objetos de metal y abramos esto ya.

—¿Y el metal de los martillos?

—Probablemente no nos afectará en una primera fase. No creo que el Arca, si está aquí dentro, sea la propia piedra. Esto es el contenedor de algo más.

A trescientos metros de allí, justo en la esquina de la plaza de la catedral con la *rue Cormont*, el equipo de sonido de Ricard estaba recogiendo nítidamente toda la conversación.

—Creo que la van a abrir, padre —insistió Gloria alarmada—. Todavía estamos a tiempo de detenerles.

—¡No! Es evidente que no comprenden el poderoso símbolo al que se enfrentan, pero quizás sea mejor así.

—¿Poderoso símbolo?

El catalán, atento a los indicadores de sensibilidad del micrófono, no pudo evitar expresar su curiosidad al padre Rogelio.

—Sí, hermano. No entienden por qué el Arca de la Alianza está sobre la Virgen, porque ignoran que Nuestra Señora fue la nueva Arca que contuvo la nueva Alianza. Fue como el Grial que guardó la Sangre de Cristo y selló el nuevo pacto con Dios. Los antiguos sabían leer esos símbolos y los respetaban.

—No todos.

—Cierto, Gloria. No todos sabían leerlos.

Un golpe seco zanjó la conversación. El equipo estereofónico de Ricard se estremeció.

—¡La están golpeando, padre! ¡Están abriendo el Arca!

En efecto. La piedra caliza que remataba el cajón de piedra de la fachada comenzó a quebrarse bajo los certeros mazazos de los ingenieros. Por fortuna, la luz había empezado a declinar sobre Amiens y no había nadie lo suficientemente cerca de los andamios como para percatarse del sacrilegio. Aquella escultura de casi nueve siglos de antigüedad estaba recibiendo el ataque más grave desde que fuera izada allá por los constructores del templo.

Jacques Monnerie fue el primero en darse cuenta. La tapa, al sexto golpe, cedió parcialmente, dejando que las esquirlas de piedra se hundieran hacia dentro.

—Está hueca —sonrió satisfecho Témoin.

Dos mazazos más, y la abertura practicada era ya tan grande como un tablero de ajedrez.

Al principio no se dieron cuenta, pero un fuerte olor ácido, como si fuera amoniaco, no tardó en rodearles. Inmediatamente, una desagradable sensación de mareo les obligó a saltar al andamio y a alejarse un poco del hueco. No tuvieron tiempo ni de mirar dentro.

Desde abajo, el padre Rogelio sonrió satisfecho.

—Es la fuerza de la «fuente» —dijo sin despegar los ojos de los binoculares.

—¿Qué ocurre, padre?

Gloria, fuera de la furgoneta, le abordó desde la ventanilla.

—Se han tenido que apartar del Arca. No me extrañaría nada que comenzaran a sentir un vacío en el estómago, como si les aplastaran con una losa, y perdieran el sentido del tiempo.

—¿El sentido del tiempo?

—Quienes estuvieron cerca de la fuente, como Juan de Jerusalén o Michel de Notredame, por ejemplo, sufrieron durante años alucinaciones temporales. Era una consecuencia más de haber estado sometidos a una gravedad extrema.

—¿Por eso alcanzaron a «ver» el futuro?

—Por eso, y por haber atravesado la Puerta. Sabemos que Juan de Jerusalén la cruzó dos veces, en la Cúpula de la Roca, en Tierra Santa, y en Chartres. En cuanto a Nostradamus, muy probablemente gracias a la familia Médicis, fue capaz de atravesarla en Reims.

—¿Y no nos afectará esa gravedad, estando tan cerca?

—La «fuente» debió de ser aislada antes de guardarse... Eso espero.

—¿Hay algún antecedente de la fuerza gravitacional del Arca?

El padre Rogelio, extrañado por la pregunta de Gloria, apartó los prismáticos de sus ojos.

—Sí lo hay. Algunas tradiciones midráshicas, hebreas, dicen que el Arca era capaz de levantarse por sí misma, flotar ingrávida e incluso transportar a quienes tuviera cerca de sí. Además, se cuenta que era capaz de emitir un sonido quejumbroso cada vez que se «armaba» contra sus enemigos y se levantaba ella sola del suelo...

—No nos afectará a esta distancia, ¿verdad?

—Supongo que sus efectos serán muy locales. Lo justo para atemorizar a los sacrílegos.

—Eso espero.

Monnerie y Témoin tardaron unos minutos en reponerse. Sentados sobre el andamio, con las manos y las ropas cubiertas del polvo blancuzco de la piedra, miraron absortos el aspecto externo del arcón sin atreverse aún a husmear en su interior. El olor, y una indescriptible desazón, como si sus fuerzas se hubieran perdido por el hueco practicado en la caja, les había dejado desarmados.

—Evidentemente hay algo ahí dentro —murmuró Témoin.

—Saquémoslo entonces.

Con sumo cuidado, los ingenieros volvieron a situarse sobre el arcón de piedra y comenzaron a arrancar los trozos de la losa superior que aún tapaban su hueco. Fue fácil. La roca estaba muy desgastada y se desprendía con facilidad.

Tras un par de minutos, Témoin echó un vistazo a su interior. El cubículo era del tamaño de un televisor pequeño. Era evidente que sus medidas no se ajustaban en absoluto a las del Arca. Además, de una primera ojeada, le pareció que estaba vacía. Un segundo después, se dio cuenta de que no era así.

Pegado al fondo de la caja, cubierto de polvo gris, yacía algo parecido a una plancha completamente envuelta en un pergamino. Témoin sopló primero, levantando una nube de ceniza a su alrededor, y despejó el contenido del cofre.

–¿Qué es? –preguntó Monnerie.

–Parece una plancha de cuarzo. Aguarda.

Con decisión, Michel introdujo sus manos en la caja y rodeó el objeto, tirando de él. Era muy pesado, y con dificultad logró sacarlo del interior. Un destello del último rayo de sol de la tarde lo hizo resplandecer de repente.

–¡Por todos los santos! –bramó el padre Rogelio con los prismáticos clavados en el rostro.

–¿Qué ocurre, padre?

–¡Es la *Lapsit Exillis*!

–¿La... qué? –Ricard, con su cuerpo redondo acostado sobre el ecualizador, puso cara de acelga.

–*Lapsit Exillis*. Es uno de los nombres que se le dio al Grial en el siglo doce cuando se inventó su existencia. En realidad –explicó nervioso el padre Rogelio– es un nombre clave, difundido por un poeta de la época, Chrétien de Troyes, que significa *Lapis ex coelis*. «Piedra del cielo».

–¿Y qué es?

–Una de las tablas de Hermes. Una de las tablas de Enoc. De Imhotep. De Moisés. ¡Un libro de Dios!

Durante un instante, Témoin apartó con cuidado el pergamino que envolvía la piedra. Lo desenvolvió prestando atención a cada uno de sus crujidos y haciendo verdaderos esfuerzos por no quebrarlo por ninguna parte.

Una vez terminada la operación, pasó la manga de su americana sobre la piedra, despejando su verdadero aspecto.

La losa —pues eso parecía— era de un tibio color verde. Pulcramente pulida y de aspecto cristalino, parecía desprender una apagada luz propia. Témoin, intrigado, pegó sus narices a la piedra, descubriendo algo más: en una de sus caras alguien había ejecutado un diseño tan simple como elocuente. Se trataba de dos círculos concéntricos alrededor de una esfera maciza. Uno de ellos presentaba otra pequeña circunferencia atravesada por la mitad, como si orbitara en torno al punto mayor.

—Es geometría pura —dijo asombrado—. Parece una representación de la teoría heliocéntrica.

—Imposible.

Monnerie encogió su perilla, tratando de descifrar algo en aquel diseño que no le encajaba.

—No —pronunció su negación como si le pesara aquel monosílabo—. No es eso, Témoin.

—¿Qué es, pues?

—Es la representación del átomo de hidrógeno.

—¿Hidrógeno?

—Bueno. Lo parece. El hidrógeno es el elemento más común en el espacio.

—¿Y?

—¿No lo entiendes? Están diciéndonos dónde debemos mirar para encontrar la Puerta.

—¿Y las emisiones que detectamos?

—¡Hidrógeno! ¡Emitían al espacio la fórmula del hidrógeno!

Témoin encajó aquella pieza. A su mente acudió de inmediato el recuerdo de su conversación con el padre Pierre. ¿Y si era cosa del Diablo el colocar aquel cuarzo para emitir señales al espacio? La idea, por absurda, no se atrevió ni a comentarla con Monnerie.

¿Y sí...?

Unos metros más abajo, aún en el interior de la Renault Space, el padre Ricardo sonrió. Incapaz de alterar los acontecimientos, recordó la sabia frase de Bernardo de Claraval: «Dios es longitud, anchura, altura y profundidad». Si el genio de Claraval había encontrado al Altísimo en las constantes geométricas, era sin duda porque él mismo había accedido a aquella Tabla y a las muchas que debieron acompañarle. La señal, aun sin saberlo aquellos dos, había sido dada. O aún mejor, enviada. «Pobres *charpentiers* –barruntó–. Acaban de perder su monopolio.»

LOS ENVIADOS

Monasterio de Santa Catalina (Egipto)

Teodoro se recogió las barbas para no tropezarse con ellas, y atravesó corriendo el patio vecino a la biblioteca para dar la buena nueva al padre Basilio. El patriarca no estaba ya para aquellos trotes, pero aun así, descendió las escaleras de la sala de los ordenadores con igual ímpetu que lo hubiera hecho cualquiera de sus jóvenes novicios.

Se ajustó la enorme cruz de plata que llevaba al cuello, atándola a su cinturón, y entró sin llamar al estudio del bibliotecario.

—¡Eminencia! —se sobresaltó—. ¿Qué hacéis aquí?

Basilio, que leía en ese momento un pasaje en copto del apócrifo del Evangelio de Tomás, se rascó su cabeza despoblada y aguardó a que el obispo de Santa Catalina recuperara el aliento.

—Ya... ya lo tenemos.

Atosigado, Teodoro blandía en su mano varios de aquellos folios reciclados en los que se imprimían los correos electrónicos.

—Acaban de llegar los resultados del último sondeo del ERS-1... Es urgente.

—Cálmese, eminencia. ¿Qué son? ¿Datos del satélite francés? ¿El de las catedrales?

El obispo asintió, tragando saliva.

—¿Y qué dicen?

—Que una emisión incontrolada de microondas comenzó a emitirse desde Amiens sobre las 19.30 horas local —leyó—. Simultáneamente, los focos emisores de Chartres, Évreux, Bayeaux y Reims intensificaron su frecuencia, elevándola. Da la impresión de ser una acción coordinada de naturaleza no identificada. Es previsible que otros satélites, además del ERS-1 y ERS-2, comiencen a captar esas emisiones en breve.

A Basilio le crujió la espalda.

—Ya, ya... —rezongó el anciano—. ¿Y Rogelio? ¿Sabe algo de esto?

—Naturalmente. Él mismo vio cómo a esa hora dos ingenieros del CNES extraían de la fachada oeste de Amiens una de las Tablas de Enoc. Y no puede ser una casualidad.

Basilio se agarró a la mesa.

—¡Virgen Santa! —exclamó—. Eso va a hacer que...

—La Puerta se abra, en efecto. Tal como vio Juan de Jerusalén. Tal como predijísteis hace unos días.

—¿Y no trataron de detenerlo?

—No ha sido cosa de los *charpentiers*. Detuvimos a una de los suyos en Chartres para que no diera más información a los no iniciados, pero es hasta ahí donde pudimos intervenir.

—¡Ah! —zumbó Basilio—. ¡Ese pacto de no intervención entre ángeles! ¿Siempre lo hemos respetado?

—Sí. Tanto los *charpentiers* como nosotros.

—¿Qué haréis con la *charpentier*?

—La liberaremos, claro.

—Está bien, está bien —aceptó—. Déjeme entonces explicarle lo que puede suceder a partir de ahora.

El bibliotecario echó mano al ejemplar de *El Protocolo secreto de las profecías* que tenía a su vera y lo abrió por la última página. Sin perder de vista el rostro sofocado del patriarca, camuflado tras sus barbas inmaculadamente blancas, pasó el dedo por aquel escrito como si pudiera leerlo al tacto.

—Siempre hemos creído que las Puertas se abrían para que nosotros subiéramos a los cielos, ¿verdad eminencia?

—Sí —asintió sin comprender muy bien qué quería decir el viejo Basilio.

—En realidad, no es así. Detrás de la obsesión por mantener las Puertas cerradas y bajo control, se escondía un temor irracional que sacudió tanto a servidores de la Luz como de las Sombras.

–¿Un temor? ¿Qué temor? No me hablasteis de ello nunca.

–Porque Juan de Jerusalén no lo escribió. Lo dejó encriptado en un grabado que reprodujo en cada uno de los ejemplares originales de su obra.

–Seguís sin decírmelo... –insistió Teodoro.

–La Gran Puerta, la que ahora está a punto de abrirse, correrá sus goznes invisibles no para permitirnos ascender, sino para dejar que el cielo entre aquí y establezca su reinado. Para que se produzca el regreso de «los de arriba». Nosotros, como descendientes de aquellos que la Biblia dice que se mezclaron con las hijas de los hombres,[1] siempre temimos ese regreso.

Teodoro le miró incrédulo.

–¿Qué queréis decir?

–La señal que los satélites han captado está dirigida a ellos, a «los de arriba». ¿No lo entendéis? Es una fórmula matemática. Está escrita en el lenguaje del Dios que Claraval comprendió tan bien. Juan de Jerusalén lo dejó bien claro. Envolvió cada una de sus *lapsit exillis* con un pergamino, en el que dejó anunciado lo que sucedería para aquel que pudiera entenderlo. En cuanto la *lapsit* ha visto la luz, se ha activado el mecanismo.

–¿Y el grabado del que habláis?

–Preguntad al padre Rogelio.

–Sí, es cierto –aceptó rebuscando en el manojo de e-mails que traía consigo–. En su informe comenta algo de un pergamino. Déjeme ver... Aquí. Dice, en efecto, que un pergamino envolvía la losa que extrajeron los ingenieros de Amiens... y manda también una copia de lo que había grabado en él.

–Mostrádmela.

El patriarca tendió la página correspondiente al anciano, y éste, tembloroso, la colocó junto al último pliego del manuscrito templario. Ambos diseños eran como dos gotas de agua. Copiados por el mismo artista de forma magistral y minuciosa. Al verlos juntos, los ojos del anciano chispearon maliciosamente.

---

1. *Génesis* 6, 1-3.

–Mirad.
–Ahora veo lo que vio Jacob.
–Sí. El regreso. Pronto estarán aquí.
Y diciendo eso, Basilio y Teodoro se santiguaron.

Una última nota del autor
LA PROFECÍA DE HERMES

Del regreso de los Antiguos hablan muchos. No es ficción.

El *Kore Kosmou*, uno de los pocos libros pertenecientes a las enseñanzas herméticas atribuidas al dios egipcio Toth –y que los judíos identificarían con Enoc–, da cuenta de un relato estremecedor, que ilumina esa cuestión. Un relato, naturalmente, muy ligado a las páginas anteriores. En él la diosa Isis narra a su joven hijo Horus que Toth, el dios de la sabiduría, reveló todos los secretos de los cielos en una colección de libros que él mismo escondió en algún lugar de Egipto. Se trata de libros destinados a cambiar la faz de la Tierra pero que sólo serán descubiertos cuando llegue el momento oportuno.

Isis, la diosa de todas las diosas, lo explicó así a su retoño:

> No es adecuado, hijo mío, que deje este relato inacabado; debo contarte lo que Hermes (Toth) dijo cuando depositó los libros. De esta manera habló: «Estos libros sagrados, que he escrito con mis manos perecederas, han sido ungidos con el elixir de la inmortalidad por Él, que es el maestro de todas las cosas y que permanece incorruptible a través de los tiempos, y permanecerán invisibles y ocultos a todos los hombres que vengan o surjan de las llanuras de esta tierra (Egipto) hasta el momento en el que los cielos, ya ancianos, engendren hombres que sean dignos de ellos». Habiendo pronunciado esta oración sobre el trabajo de sus manos, Hermes fue recibido en el santuario de la eternidad.

¿Estamos ya en el umbral de ese tiempo?
Yo así lo creo.

BIBLIOGRAFÍA

Lo que se cuenta en *Las puertas templarias* es sólo parcialmente fruto de mi imaginación. Fueron muchas las obras consultadas para su elaboración, cada una de las cuales aportó su imprescindible grano de arena a esta construcción legendaria. Para los que, como Michel Témoin, sientan la necesidad de investigar, he aquí algunas indicaciones de por dónde empezar. Fueron muchos más los libros que revisé, pero éstos servirán para que quien tenga que llegar a las Puertas... llegue.

Las fuentes

Anónimo, *Libro de Henoch* (edición de Antonio Ribera), Barcelona, Ediciones 7 1/2, 1979.
Claraval, Bernardo de, *Elogio de la nueva milicia templaria*, Madrid, Siruela, 1994.
Jerusalén, Juan de, *Las profecías de los templarios*, Gerona, Tikal Ediciones, 1996.
Maslama Ben Ahmad, Abul-Kasim, *Picatrix. El fin del sabio y el mejor de los dos medios para avanzar*, Madrid, Editora Nacional, 1982.
Trismegisto, Hermes, *Corpus Herméticum* (edición de Walter Scott), Madrid, Edaf, 1998.
VV.AA., *Sagrada Biblia* (edición de Nácar-Colunga), Madrid, Biblioteca de Autores Cristianos, 1967.
––, *Textos gnósticos* (Biblioteca de Nag Hammadi, vols. 1 y 2), Madrid, Trotta, 1997 y 1999.

Los ensayos

Ambelain, Robert, *Los secretos de Israel*, Barcelona, Martínez Roca, 1996.
Atienza, Juan G., *La ruta sagrada*, Barcelona, Robin Book, 1992.
——, *La meta secreta de los templarios*, Barcelona, Martínez Roca, 1998.
Aveni, Anthony, *Stairways to the stars*, Nueva York, John Wiley & Sons, 1997.
Bauval, Robert, *Secret chamber*, Londres, Century, 1999.
Bauval, Robert y Gilbert, Adrian, *El misterio de Orión*, Barcelona, Emecé, 1995.
Bayard, Jean-Pierre, *El secreto de las catedrales*, Gerona, Tikal, 1995.
Béhar, Pierre, *Les langues occultes de la Renaissance*, París, Éditions Desjonquères, 1996.
Burckhardt, Titus, *Chartres y el nacimiento de la catedral*, Palma de Mallorca, Olañeta, 1999.
Charpentier, Louis, *El enigma de la catedral de Chartres*, Barcelona, Plaza y Janés, 1976.
——, *El misterio de Compostela*, Barcelona, Plaza y Janés, 1973.
——, *Los misterios templarios*, Barcelona, Apóstrofe, 1995.
Darcheville, Patrick, *De la pierre aux étoiles*, París, Guy Trédaniel Éditeur, 1992.
D'Ares, Jacques (y equipo revista *Atlantis*), *Vézelay et Saint Bernard*, Croissy-Beaubours, Dervy Livres, 1985.
Deveraux, Paul, *La memoria de la Tierra*, Barcelona, Martínez Roca, 1993.
——, *Places of power*, Londres, Blandford, 1990.
Foss, Michael, *Cruzados*, Barcelona, Martínez Roca, 1998.
Gilbert, Adrian, *Los reyes magos*, Barcelona, Ediciones B, 1997.
Halpern, Paul, *Los agujeros de gusano cósmicos*, Barcelona, Ediciones B, 1993.
Hancock, Graham, *Símbolo y señal*, Barcelona, Planeta, 1993.
Hancock, Graham y Faiia, Santha, *Heaven's mirror*, Nueva York, Crown, 1998.
Hani, Jean, *El simbolismo del templo cristiano*, Palma de Mallorca, Olañeta, 1997.

Hedsel, Mark (con notas de David Ovason), *El celador*, Barcelona, Martínez Roca, 1999.

Herrmann, Joachim, *Atlas de Astronomía*, Madrid, Alianza, 1984.

Jacq, Christian y Brunier, François, *El mensaje de los constructores de catedrales*, Barcelona, Plaza y Janés, 1976.

Lamy, Michel, *La otra historia de los Templarios*, Barcelona, Martínez Roca, 1999.

Marçais, Pierre y Rey, Denise, *Aperçus sur la Géométrie Sacrée*, París, Éditions Guy Trédaniel, 1998.

Martos Rubio, Alberto, *Historia de las Constelaciones* (6 vol.), Madrid, Equipo Sirius, 1992.

Melville, Marion, *Nosotros los templarios*, Gerona, Tikal, 1995.

Rigby, Greg, *On Earth as it is in Heaven*, Londres, Rhadeus, 1996.

Robinson, John J., *Mazmorra, hoguera y espada*, Barcelona, Planeta, 1994.

Sinclair, Andrew, *Jerusalén, la cruzada interminable*, Madrid, Edaf, 1997.

Tarade, Guy, *Las venas de la Tierra*, Madrid, Arias Montano Editores, 1991.

Vidler, Mark, *The Star Mirror*, Londres, Thorsons, 1998.

Vogade, François, *Vézelay: symbolisme et esotérisme*, Varennes, Guillaudot, 1998.

Yates, Frances A., *Giordano Bruno y la Tradición Hermética*, Barcelona, Ariel, 1983.

Escaleras al cielo

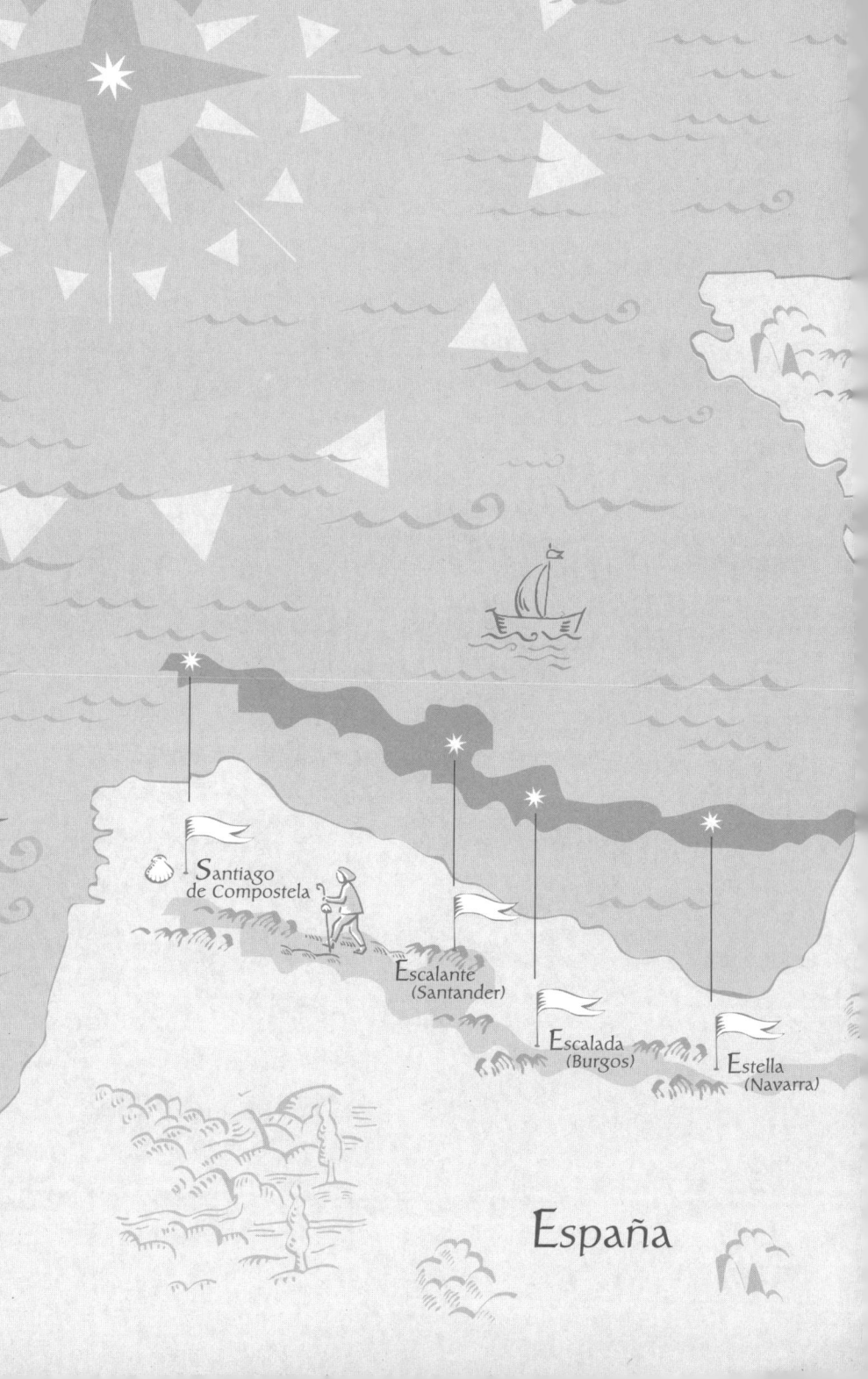

Santiago de Compostela

Escalante (Santander)

Escalada (Burgos)

Estella (Navarra)

España